职业技能培训丛书

浙江省职业技能教学研究所 组织编写

主编 梁贺君

跨境电子商务营销宝典

浙江科学技术出版社

图书在版编目(CIP)数据

跨境电子商务营销宝典 / 梁贺君主编；浙江省职业技能教学研究所组织编写. —杭州：浙江科学技术出版社，2017.11
（职业技能培训丛书）
ISBN 978-7-5341-7893-1

Ⅰ. ①跨… Ⅱ. ①梁… ②浙… Ⅲ. ①电子商务—网络营销—技术培训—教材 Ⅳ. ①F713.365.2

中国版本图书馆 CIP 数据核字(2017)第 214899 号

丛 书 名 职业技能培训丛书
书 名 跨境电子商务营销宝典
组织编写 浙江省职业技能教学研究所
主 编 梁贺君

出版发行 浙江科学技术出版社
邮政编码：310006
杭州市体育场路 347 号
办公室电话：0571-85062601
销售部电话：0571-85171220
网 址：www.zkpress.com
E-mail：zkpress@zkpress.com
排 版 杭州大漠照排印刷有限公司
印 刷 杭州丰源印刷有限公司
经 销 全国各地新华书店

开 本 787 × 1092 1/16 印 张 11.25
字 数 239 000
版 次 2017 年 11 月第 1 版 2017 年 11 月第 1 次印刷
书 号 ISBN 978-7-5341-7893-1 定 价 38.00 元

责任编辑 罗 璀 **责任校对** 顾旻波
责任美编 孙 菁 **责任印务** 崔文红

“职业技能培训丛书”编辑指导委员会

主　　任　吴顺江

副 主 任　刘国富　蔡国春　郭　敏　宓小峰　龚和艳
　　　　　仉贻泓　陈　中　宋云峰　夏春胜

成　　员　（按姓氏笔画排序）
　　　　　王　树　王　晨　王丁路　许世斌　吴招明
　　　　　吴善印　陈芬芬　陈树庆　林雅莲　项　薇
　　　　　赵健明　俞　翟　闫小锋　徐顺聪　郭禾阳

“职业技能培训丛书”编辑工作组

组　　长　俞　翟　王丽慧

成　　员　（按姓氏笔画排序）
　　　　　王富云　刘晓坚　巫惠林　余晓春　夏国军
　　　　　蒋文华　程锦锦　楼小东

本册编写小组

主　　任　楼小东　王丽慧

副 主 任　蔡　斌　刘中梁　贾才民

委　　员　刘晓坚　童元智　徐国福　陈保玲

主　　编　梁贺君

副 主 编　金冬民　贾军成

编 著 者　（按姓氏笔画排序）
　　　　　王　敏　占星星　叶尔肯拜·苏琴　江舒玲　吴姿梅
　　　　　何　峰　张亚萍　陈　静　陈群峰　周蜀成
　　　　　赵　旋　贾鹏飞　郭瑞波　鲍进跃

作者简介

男，1982 年生，上海财经大学博士、英国雷丁大学博士后，上海财经大学中亚云计算研究中心副主任，中国电子商务可信交易中心特约专家，中国计算机学会专业会员。研究方向为电子商务、云计算、大数据，参与主持的项目有：应急保障网络的控制与效能分析、应急条件下输运保障网络控制与效能研究、基于知识管理的智能教学资源管理平台、基于 SAAS 模式的跨境电子商务交易平台的研发与应用、通用积分商城与安全交易系统的研发与应用、外贸电子商务订单实时智能处理系统的研发、物联网全程电子商务仓储物流全智能管理平台研究、基于电子商务大数据的商务智能决策系统的研发与应用等。获得 6 项专利与 12 项软件著作权。

前　言

职业技能培训是提高劳动者技能水平和就业创业能力的主要途径。大力加强职业技能培训工作，建立健全面向全体劳动者的职业技能培训制度，是实施扩大就业的发展战略，解决就业总量矛盾和结构性矛盾，促进就业和稳定就业的根本措施；是贯彻落实人才强国战略，加快技能人才队伍建设，建设人力资源强国的重要任务；是加快经济发展方式转变，促进产业结构调整，提高企业自主创新能力和核心竞争力的必然要求；是推进城乡统筹发展，加快工业化和城镇化进程的有效手段。为认真贯彻落实全国、全省人才工作会议精神和《国务院关于加强职业培训促进就业的意见》《浙江省中长期人才发展规划纲要（2010—2020年）》，切实加快培养适应我省经济转型升级、产业结构优化要求的高技能人才，带动技能劳动者队伍素质整体提升，浙江省人力资源和社会保障厅规划开展了职业技能培训系列教材建设，由浙江省职业技能教学研究所负责组织编写工作。该系列教材第五批共5册，主要包括青田石雕技艺、东阳木雕（家具雕刻卷）、金华火腿加工、跨境电子商务营销、烹饪专业综合技能（高级工、技师）培训等地方产业、新兴产业以及特色产业方面的技能培训教材。本系列教材针对职业技能培训的目的要求，突出技能特点，便于各地开展农村劳动力转移技能培训、农村预备劳动力培训等就业和创业培训，以及企业职工、企业生产管理人员技能素质提升培训。本系列教材也可以作为技工院校、职业院校培养技能人才的教学用书。

从2011年起，国家开始非常重视跨境电子商务的发展，新设了一批跨境电子商务试点城市，各地政府的扶持力度也在加大，我国外贸电子商务从传统的小额外贸正式跨入了跨境电子商务时代。跨境电子商务有助于拓展新的外贸发展空间，改变我国在国际产业链分工中处于较低水平的地位，推动国际贸易创新型发展。跨境电子商务逐渐成为增速最快、潜力最大、影响最广的国际贸易模式之一。

跨境电子商务包括跨境商品出口与进口的交易。从整个产业链来看，生产商将生产的产品通过跨境电子商务企业进行交易，境内、境外物流企业将交易后的商品经过出口国、进口国的两次海关通关商检后，最终送达客户手中。跨境电子商务涵盖了交易、通关、物流、支付、结汇等多个环节，进入跨境电子商务的企业门槛高于国内电子商务，要大力发展跨境电子商务，需要大量精通电子商务、外语、外贸的复合型人才，而现阶段此类人才非常匮乏。

目前，国内电子商务面临优质货源缺乏、同质化竞争激烈、客单利润低等问题，因而国内卖家纷纷涌入跨境电子商务，同时，随着传统行业的转型进入，线下供应商、物流商、服务商的涌入，跨境电子商务的竞争也越来越激烈了。跨境电子商务要从“蓝海”逐渐进入“红海”，做好跨境营销便成为企业的致胜法宝。由于世界各国风俗文化、消费习惯、经济发展水平等方面的不同，跨境电子商务营销与国内电子商务营销相比存在很大差异。过去电子商务营销的方法与经验不能应用到新的跨境电子商务领域，所以非常缺乏全面系统的跨境电子商务营销教材。

本教材详细介绍了跨境电子商务营销知识，围绕如何做好跨境电子商务营销，制订跨境电子商务营销策划方案，实施跨境营销的目标与步骤，落实跨境营销的具体方法和跨境电子商务平台站内、站外优化，以及如何打造爆款，如何提升转化率等方面进行了系统全面的介绍。本教材在编写时力求深入浅出、通俗易懂，注重实际案例讲解，以应用为重点，做到理论联系实际。

在本教材编写过程中，我们参阅了国内外大量的文献和资料，其中信息明确的已列于参考文献中，而信息不全、无法详细查证其出处的，未能一一列出。在此，感谢所有参与编写的人员及义乌市人力资源和社会保障局、义乌跨境电子商务协会、吉茂跨境电子商务学校，并向所有在本教材编写过程中提供帮助的跨境电子商务领域的专家致以真诚的感谢。

做好跨境电子商务的关键在于营销，本教材详细讲解了跨境电子商务营销的方法与技巧，希望对跨境电子商务从业者有所帮助。本教材内容丰富、简洁明了、实用性强，不仅可供跨境电子商务从业人员自学使用，也可以作为电子商务培训学校培训教材。

由于时间仓促，加之作者水平有限，教材中难免存在不足之处，敬请读者批评指正。

浙江省职业技能教学研究所

2015 年 8 月

Contents 目录

第1章

跨境电子商务营销

第1节 跨境电子商务

一 跨境电子商务的概念

跨境电子商务(简称跨境电商)是指分属不同关境的交易主体,通过电子商务平台达成交易、进行支付结算,并通过跨境物流送达商品、完成交易的一种国际商业活动。它具有全球性、无形性、匿名性、即时性、无纸化和快速演进等特性。

在国内电子商务规模与模式都在不断创新发展的同时,我国跨境电子商务悄然兴起。受2008年全球金融危机影响,国内很多小型的加工出口型企业订单急剧下降,而转为内销却存在营销力量不足等困扰,我国跨境电子商务就是在这种背景下迅速发展的,很多具有代表性的跨境电子商务企业正是在这阶段开始进入人们的视线,如敦煌网、DX、兰亭集势等,它们中有的已经在香港特区或者海外上市。这些跨境电子商务企业或者小型加工出口商自建的电子商务业务与传统的跨境贸易有很大的不同,最大的区别在于货物的规模,不再采取长期订单和大型集装箱式贸易,而采用小规模的B2B,或者B2C,甚至C2C模式。近几年国内的跨境电子商务发展速度远远超过了内贸电子商务发展速度,其利润也比内贸电子商务高很多。但跨境电子商务在交易、通关、物流、支付、结汇等多个环节与国内电子商务有很大区别,从业者进入跨境电子商务行业门槛比较高。

二 跨境电子商务的现状与趋势

(一)中国

自2013年7月中国跨境电子商务服务试点开展以来,上海、重庆、杭州、宁波、郑州、广州、深圳、北京、苏州、青岛、金华、东莞、西安、南京、葫芦岛、银川16个试点城市先后开展跨境电子商务出口业务,出口覆盖181个国家和地区。我国跨境电子商务平台已超过5000家,企业超过20万家,我国主要几个跨境电子商务试点城市的相关业务发展情况如下:

1. 上海

上海跨境电子商务贸易试点模式为直购进口模式、网购保税进口模式、一般出口模式。直购进口模式的试点由东方电子支付有限公司承建上海跨境贸易电子商务平台(简称“跨境通”)。跨境通自2013年12月28日上线,是全国首个跨境贸易的电子商务试点平台,逐步完善跨境服务三大模式,形成直邮中国和自贸赚取模式。跨境通销售的产品类别主要是母婴用品、保健食品、箱包、服装服饰、化妆品五大类,集中在快消品领域,商品价格与实体店相比,可优惠30%左右。截至2014年12月,上海海关直购进口模式成交约2.4万单,网购保税进口模式成交约3.2万单,合计货值逾1700万元。同时,上海海关已为55家电子商务企业、12家物流仓储企业完成跨境电子商务备案工作,业务地区涉及或涵盖美国、韩国、澳大利亚、新西兰等多个跨境网购热点国家,跨境电子商务品牌集聚规模效应初步显现。

上海除自贸区外,松江区、嘉定区和普陀区也均成为开展跨境电子商务区域。2014年前三个季度,上海电子商务实现交易额达9066亿元,同比增长28.1%。上海实现的跨境总商业交易量仅次于广东和香港特区,位列大中华区第三。而受益于自贸区效应,上海卖家对2014年业绩表现预期在大中华区前八大出口中心中亦最为乐观。在上海跨境电子商务最主要的海外市场中,交易量位于前五位的分别是服饰、鞋帽和配饰(时尚类),汽车配件(汽配类),珠宝、首饰和手表(时尚类),工业用品(工业用品类),家居用品(家居园艺类)。其中,家居园艺类产品的交易量增长尤为突出,较2012年增长57%,汽配类产品的交易量增长也达到30%。在开拓销售目的地市场方面,上海卖家在成熟市场与新兴市场上同时发力。在前十五大目的地市场中,以美国、英国、澳大利亚和德国为代表的成熟市场占据主要地位,增长最快的出口目的地市场则为阿根廷、以色列和瑞典,增长率分别达到162%、92%和72%。上海自贸区对进口电子商务的影响重大。

2. 重庆

重庆的跨境电子商务试点特色在于其是全国唯一具有跨境电子商务服务四种模式全业务的试点城市,即包括一般进口、保税进口、一般出口和保税出口。2014年6月,重庆西永综合保税区重庆跨境贸易电子商务公共服务平台上线,跨境电子商务成为重庆西永永微电子产业园发展现代服务业的重点方向。2014年跨境贸易电子商务公共服务平台数据显示,半年时间平台累计验放清单15.8万单,成交金额达4456.62万元,共备案企业达36家,日用消费品成为重庆人使用跨境电子商务方式最爱采购的产品类别。

2009年7月,重庆为了更好地推进跨境电子商务试点服务,从对外贸易便利化、金融支持力度、高效率的税收服务、口岸服务水平、提高行政审批效率、外商投资便利化等方面改善电子商务发展的环境。2010年6月,重庆试点跨境贸易人民币结算完成第一单。2010年7月,重庆正式启动跨境贸易人民币结算试点工作,企业开展境外贸易更便捷,可以直接用人民币结算。2011年1月,重庆跨境贸易人民币结算试点启动以来,结算金额从最初的月均几百万元跳升至目前的上亿元。截至2010年12月,重庆跨境人民币结算金额达到10.48亿元,业务区域拓展到缅甸、意大利、美国等9个国家和地区,其中中国香港特区和缅甸最多。

2011年重庆已有15家银行为41家企业办理跨境人民币结算业务。2011年8月，重庆人民币结算达到53.1亿元，更好地满足了企业的需求，进一步促进了贸易和投资便利化。2011年12月，重庆16家商业银行累计为181家经济主体办理各类跨境人民币实际收付业务1466笔，累计办理跨境人民币结算业务107.13亿元。

3. 杭州

杭州作为跨境贸易电子商务首批试点城市之一，率先全面运作一般出口、直购进口、网购保税进口等新型通关模式，在业务覆盖、交易规模、模式创新、产业集聚等方面走在了全国各城市前列。杭州试点跨境电子商务产业园，是集保税进口与直购进口模式于一体的全业务跨境贸易电子商务产业园，并设有跨境一步达。截至2014年11月，已有124家商家入园开展业务。2014年12月，杭州经济技术开发区保税进口业务累计交易订单突破近76万单，位居全国7个试点城市前列。

以杭州试点进口业务为例，截至2014年10月30日，杭州经济技术开发区保税进口业务累计进区备货总值突破1.8亿元，交易订单突破35万单，交易金额达到8149万元，单日交易峰值自8月突破万单大关后，9月22日达到单日交易16519单，位居全国7个试点城市之首。

2013年杭州萧山经济技术开发区服务外包产业园成立，园区旨在构建一个集人才培训、退税结汇、仓储物流、融资等于一体的一站式服务平台，为跨境电子商务提供供应链整合服务，打造跨境电子商务集聚区，助力形成跨境电子商务生态圈。杭州萧山经济技术开发区服务外包产业园自运营以来受到政府、跨境电子商务企业和服务商等的高度关注。国际知名的跨境电子商务培训机构、顺丰快递等供应链上的关键企业已入驻；多家服装、假发等类目跨境电子商务企业拟入驻。园区规划面积15万平方米，一期已交付6.5万平方米，入驻商户签约3万余平方米。

4. 宁波

2012年年底，根据国家发改委办公厅《关于开展国家电子商务试点工作的通知》(发改办高技〔2012〕2218号)，上海、杭州、郑州、宁波、重庆五个城市被批准作为国内首批开展跨境贸易电子商务的试点城市。作为首批试点城市，宁波出台了一系列扶持政策，2013年9月2日，《宁波市跨境贸易电子商务服务试点项目业务及技术实施方案》正式通过国家海关总署审批，宁波上报的进、出口方案同时获得了批准。2013年11月27日，宁波跨境贸易电子商务试点进口保税备货模式业务在宁波保税区正式启动，试运行当天共审核放行进口报关单166票，来自全国51个城市的111名消费者购买了平台的商品。2014年3月，宁波跨境贸易电子商务服务平台正式改版为跨境购平台。2014年6月17日，跨境购实现与天猫国际平台技术对接，跨境购平台与天猫国际正式开展业务合作，使宁波跨境整体业务单量再上新台阶，并保持快速增长的趋势。截至2014年10月17日，宁波跨境贸易电子商务进口累计单证放行345009票，累计货值为10098.93万元，标志着宁波跨境电子商务试点交易额突破1亿元，成为国家跨境贸易电子商务服务试点进口业务首个累计交易额破亿元的试点城市。2014年10月31日，宁波市口岸协会跨境贸易电子商务分会正式成立。2014年11月7日，宁波市人民政府与阿里巴巴（中国）有限公司正式签署跨境电子商务战略合作协议，标志着双方合作的全面开启。当月，宁波跨境电子商务首次参加“双十一”，单日累计成交约58.8万单，交易额突破亿元大关，居全国首位。

宁波保税区主要从事跨境进口电子商务贸易，其依托保税区的优势，开展“保税备货模式”，即跨境企业在国外批量采购商品，通过海运备货到保税区制定的跨境仓内，消费者通过网络下订单，电子商务企业办理海关通关手续，商品以个人物品形式申报出区，并缴纳行邮税，海关审核通过后，商品包裹通过快递公司派送到消费者手中。截至2013年12月7日，宁波海关累计审批通过跨境贸易电子商务进口申报单120.8万票，货值3.01亿元人民币，共有来自全国各地71.6万名消费者通过跨境平台消费。截至2014年11月，保税区已累计引进电子商务企业230家，其中获批跨境进口电子商务试点企业117家，上线71家，商品备案7238条，物流企业4家（EMS、顺丰、中通、中国邮政），仓储企业2家（富立、中海贸）。截至2014年12月26日，已有69家电子商务企业申请能力认定考核，其中通过高风险能力认定21家，通过基本能力认定45家，未通过基本能力认定1家，审批和整改2家。

同时，“跨境购”平台上线。2014年12月16日，宁波保税区政企通服务平台完成验收，正式上线运行。

5. 郑州

近年来，河南省制造业发展迅猛，贸易需求增加，主要市场是中东地区、非洲地区和俄罗斯等基础建设薄弱的国家。2013年，郑州被列为国家首批电子商务示范城市和首批跨境贸易电子商务服务试点城市，是国内唯一利用综合保税监管场所进行跨境电子商务试点的城市，可形成以郑州为中心的跨境物品集散中心，电子商务产业集聚效应初步显现，全市有1个国家级电子商务示范基地、5个省级示范基地、2个省级产业园区。2014年前三季度，郑州电子商务交易额达2119亿元，同比增长35%，预计全年将超过2800亿元；全市网络零售额达300亿元，同比增长42%，预计全年将超过400亿元。

2014年，郑州开通了“E贸易”试点平台，平台吸引了包括韩国馆3000余家、德国馆310多家、以色列馆100多家企业到郑州展开业务对接，平台入驻319家企业。E贸易主要业务模式为跨境B2C营销模式，所售商品直接与海外生产商联系合作而产生，中间不经过任何代购、代销环节，直接到消费者手中，保证了商品原有的进口质量。2014年11月，河南保税物流中心的业务量呈现出爆发式增长的态势，一个月突破10万包。据预测，2015年将实现平均每月50万包的业务量。郑州海关数据显示，截至2014年12月31日，郑州海关已累计验放跨境贸易电子商务进出口申报单50.11万票，货值1.08亿元。郑州跨境贸易电子商务试点项目监管进出口商品总值累计达到10718.03万元，突破亿元大关，征收税款达931.36万元。郑州跨境贸易电子商务进口的商品主要包括化妆品、母婴用品、保健食品等，商品主要来自美国、日本、韩国、澳大利亚、新西兰等国家。出口商品主要包括固态硬盘、手机壳、网络摄像机等，商品主要销往英国、美国、法国、俄罗斯、巴西等国家。

郑州是国内唯一利用综合保税监管场所进行跨境电子商务试点的城市，未来将继续重点发展跨境电子商务。郑州的试点工作可改变跨境电子商务“小额、多单”方式，一次性报关大批国外产品，这将带来国际货源的集聚效应，形成以郑州为中心的跨境物品集散中心，从而进一步带动跨境电子商务的发展。

郑州以信息平台、商业模式、供应体系、电子商务主体、仓储物流、快递配送、电子支付等环节构建为切入点和突破口，多区域、多元化、多模式发展跨境电子商务，推进电子商务产业“扩容”。将保税跨境贸易电子商务模式推广到出口加工区和新郑综合保税区，在航空口岸、铁路口岸、邮政口岸等具备条件的区域开展一般跨境贸易电子商务模式业务。

郑州将拓展跨境电子商务产业链，创新通关、通检、结汇和退税机制，建设E博馆、办E交会，开展跨境电子商务保税展销业务，不断扩大交易规模。同时构建多式联运物流服务体系，打造电子商务平台和载体，深化工业企业电子商务应用，推进传统商贸企业商业模式升级。

2015年，河南省试点进口业务发展更为迅猛，前10天已验放进口包裹22.39万包，其中聚美优品包裹为20.63万包，约占总量的92.14%。经郑州海关调研测算，1月份河南省跨境贸易电子商务进口业务有望迈上单月50万包的新台阶。

6. 广州

广东作为第一外贸大省，其跨境电子商务交易额约占全国交易总额的70%。广州跨境电子商务主要走B2B、B2C两种渠道，进口货品来自欧美和日韩，主要品类涉及母婴、轻奢、化妆品和鞋服等，在跨境电子商务试点业务模式中主要有一般出口（邮件/快递）、B2B、B2C保税出口和B2B一般出口三类。2014年全年，广州跨境电商零售进出口交易额超过10亿元，广州海关网购保税进口业务量在全国6个进口试点城市中排名第二，零售出口业务量排名第一。2014年11月27日，广州正式开通“21世纪海上丝绸之路”跨境电子商务平台，并与中国东盟商务理事会签署了《21世纪海上丝绸之路产业合作行动计划书》，以此支持广州跨境电子商务的发展。另外，随着广州自贸区获批在望，跨境电子商务在广州白云机场综合保税区的布局已经开始。

（二）全球跨境电子商务发展情况

随着互联网、物流网等基础设施建设加快和移动互联网、大数据、云计算等技术的推动，跨境电子购物在全球范围内快速发展。2015年跨境电子商务交易额占世界贸易总额的30%～40%。欧洲权威电子商务网站yStats发布的2014年度全球跨境电子商务报告显示，2013年，跨境电子商务交易最为频繁的是美国和英国。在拉丁美洲，巴西跨境电子商务交易人数到2018年预计会达到1000万左右，交易额年均增长率估计会达到25%。阿根廷2013年跨境电子商务交易人数相比2012年增长超过了100%，以至于2014年1月阿根廷政府不得不开始对跨境电子商务交易进行限制。而哥伦比亚、巴拉圭、委内瑞拉等国家，由于国内电子商务交易较为落后，大多数网购都是通过跨境电子商务交易的方式进行。在亚洲，新加坡跨境电子商务交易在电子商务交易中的比例最高，其次是马来西亚。日本的网购有1/5

是通过跨境电子商务的方式。对欧盟34个国家的调查表明，2012年，欧盟（27国）企业电子商务销售收入占全部销售收入已经达到15%。其中，捷克、爱尔兰、瑞典已经超过20%，反映出欧盟国企业电子商务的应用已经达到一个较高的水平。韩国电子商务的基础设施在国际社会公认最好，其电子商务一直在高速增长。2012年第三季度韩国电子商务交易总额达到276.2万亿韩元，比2011年同期增长12.5%。其中，B2B占93.3%；B2G占3.9%；B2C占1.8%；C2C占1.0%。2012年，世界网络零售电子商务交易额达到1.09万亿美元，较2011年增长21.1%。从国家网络零售发展情况看，美国达到2255亿美元，位居第一；中国为2015亿美元，位于第二；英国（1248亿美元）、日本（910亿美元）、德国（470亿美元）紧随其后。

从支付环节来看，目前银行转账、信用卡、第三方支付等多种支付方式并存，其中商家对商家的B2B模式，支付方式主要是信用卡、银行转账，而商家对客户的B2C模式，第三方支付工具广泛应用。美国的第三方支付系统贝宝（PayPal）是全球使用最广泛的跨境交易在线支付工具，有超过1.32亿活跃用户，支持25种货币付款交易。

从监管角度看，美国和欧盟对第三方支付是否跨境并不作区分。美国是第三方网上支付方式的发源地，对第三方支付监管有一些成功经验。首先，将第三方支付机构界定为货币服务机构，需要由监管机构发放牌照进行管理和规范，必须登记注册；第二，对第三方支付平台实行功能性监管，监管重点在交易过程，而不是从事第三方支付的机构；第三，采用立体监管体制，对支付服务的监管与约束来自联邦与州两个层面；第四，有专门监管部门，美国联邦存款保险公司是监管的重要部门；第五，从现有法规中寻找监管依据，没有专门针对第三方支付平台的法律法规，如在消费者权益保护方面，美国的《统一货币服务法》对货币服务机构提出了担保、净资产和流动性的要求，不得从事类似银行的存贷款业务、不得擅自留存、挪用客户的交易资金，投资必须得到许可等；在反洗钱监管方面，美国的《爱国者法案》规定，第三方支付平台需要在财政部金融犯罪执行网络注册，接受联邦和州两级反洗钱监管，及时汇报可疑交易，保存所有交易记录等。欧盟同样规定支付机构必须取得银行业执照或电子货币公司执照，明确欧洲中央银行是监管主体。此外，还涉及以下三个方面：①最低资本金要求，电子货币机构必须具备不低于35万欧元的初始资本金，而且必须持续拥有自有资金，并规定了最低限额；②投资活动限制，规定支付机构提供服务过程中沉淀的资金属于其负债，其投资活动受到严格限制，包括投资项目及投资额度方面；③滞留资金监管，建立风险准备金制度，支付机构需在央行开设专门账户并留存大量资金，以防范金融风险。

附：北美、欧洲、亚洲、俄罗斯跨境电子商务主要指标比较（表1-1）

表1-1 北美、欧洲、亚洲、俄罗斯跨境电子商务主要指标比较（2015年前）

指标	北美	欧洲	亚洲	俄罗斯
互联网用户规模	全球约37%的跨境在线买家集中在北美。美国拥有3.15亿居民，2.55亿网民，1.84亿在线购买者	欧洲的8.2亿居民中有5.3亿互联网用户，2.59亿在线购物用户。欧洲跨境电子商务买家的主力军是比利时、荷兰、卢森堡等，这些国家的消费者对于从网上购买国外的东西尤为热衷	在亚洲在线销售统计中，日本和韩国独树一帜，他们有80%的人活跃在网上，25%的韩国人和18%的日本网购者都会海淘。日本电子商务的渗透率达到了97%。中国拥有5亿多网民、2亿多在线买家。在网民增长率排名中，中国和印度分列第一和第二位。亚洲数字产业发展呈现出不同的情况，在一些国家，如印度，互联网的渗透率只有8%，但使用互联网的用户数量却很高，如日本有着相当高的互联网普及率(78%)，但它的网民却只有1.01亿，明显少于印度的1.37亿网民。中国有5.86亿互联网用户，没有达到总人口的一半，但由于人口总量大，中国的网购十分活跃	俄罗斯拥有6900万成年网络用户，网络渗透率达59%，近几年增长相当迅猛。手机用户超过23000万，其中手机网络使用者在2014年突破了9200万人，平板电脑渗透率达到14%，智能手机渗透率达到29%；2013年网购人群达到3000万，占总人口的23%，约占总的网络使用者的50%，在线店铺已经超过39000家

续表

指标	北美	欧洲	亚洲	俄罗斯
销售额	美国和加拿大在线总销售额达到3895亿美元，占到全球的33.1%。在在线零售领域，美国是世界上最大的市场。除拍卖外，2013年美国在线零售为2620亿美元，比2012年增长了13%。美国在线零售行业从业人数超过40万，由于手机等移动设备的应用，美国电子商务的销售额在2017年有望达到3700亿美元。北美地区电子商务市场规模达到3895亿美元，占全球电子商务市场的33.1%。2012年美国参与网络购物的人数达到1.54亿，零售电子商务交易额（retail e-commerce sales）达到2255亿美元，比2011年增长15.8%，已占到美国社会全部零售额的5.2%。移动电子商务在美国也有快速的发展。2012年全美消费者通过手机和平板电脑完成的购物总额达到250亿美元，较2011年增长81%，在整个零售电子商务交易额中占到了11.1%	欧洲地区成为全球最大的跨境电子商务市场。2012年，欧洲电子商务市场规模达到4126亿美元，占全球电子商务市场的35.1%；2012年，欧洲B2C电子商务的税收同比增长19%，其中61%的税收由英、德、法这三个国家贡献。欧盟28国的B2C电子商务销售额达到了2770亿欧元，占了整个欧洲市场的88.7%	亚太地区是全球增长最快的第三大电子商务市场，总交易额达到3016亿美元，占全球电子商务市场的25.7%。在亚洲在线销售统计中，日本和韩国独树一帜，他们有80%的人活跃在网上，大部分人都会网购，其中25%的韩国网购者和18%的日本网购者都会海淘。韩国拥有4G网络，连接速度位列世界前茅。中国有5.86亿网民，其中50%的人会网购或海淘	2013年俄罗斯跨境电子商务销售总额在20亿~30亿美元。2013年网络销售增长率突破了30%，人均网上购物消费金额在390~550美元，这仅仅是网上实物交易的总额。2013年在线零售仅仅占到整体零售额的2%，说明成长空间还很大。从2007年到2012年，俄罗斯的电子商务年度复合增长率达到了28.3%

续表

指标	北美	欧洲	亚洲	俄罗斯
国外订单	超过半数的美国电子商户都从国外接受订单。虽然跨境电子商务存在各种挑战,依然挡不住巨大的商机。尼尔森调查表明,美国是最受欢迎的跨境市场,紧接着是英国、中国内地、中国香港特区、加拿大、澳大利亚和德国。在跨境运送服务方式中,45%的美国商户会选择标准邮政渠道	2013年,欧盟地区有超过1/4的消费者在线购买非欧盟国家商品,这个比例在欧元区国家更高,最高的是奥地利,比例超70%。英国、德国、法国是欧洲地区最受国外消费者青睐的跨境电子商务进口目的国		俄罗斯人进行跨境电子商务采购的订单,40%来自美国,40%来自中国,8%来自英国,其他地方的比较少
电子商务覆盖类型	电子商务将会涵盖各个商品类别,目前服装、消费类电子产品以及家庭用品网店的增长率较大			俄罗斯Top30的网络销售公司,其中有6家是外来公司,如LaRedoute、Groupon、Otto Group、Yves Rocher。其实也说明了一个道理,俄罗斯市场外来电子商务公司是很容易有机会的,如速卖通、敦煌网、兰亭集势、DX.COM都会有机会在俄罗斯发展。俄罗斯的跨境电子商务免税政策将在2014年进行调整。消费类电子产品是俄罗斯的第一大网上类目,增长最快的类目是家居护理类目

续表

指标	北美	欧洲	亚洲	俄罗斯
支付方式	信用卡成为美国在线支付的首选。虽然最活跃的买家大多在25～45岁，但是不需要旅行就能进行购物的舒适性还是会吸引55岁以上的人，这部分人群正变得越来越习惯于网购。在线支付是美国3/4网购者的钟爱，但是具有可替代性的移动支付方式正越来越流行。虽然移动电子商务在2011年只占了电子商务的9%的份额，但这一比例在2012年已经上升到20%。美国移动支付在全球的份额达到1/3。加拿大信用卡的渗透率也非常高，81%的在线支付都是信用卡支付的，紧随其后的是使用PayPal，这些因素都促进了跨境金融的发展	移动设备的应用增加了电子银行和电子支付的使用，这改变了移动支付的发展前景，一定程度上刺激了电子商务的发展，也给消费者提供了更多购买商品和服务的可能性。2007年，欧盟立法合作者通过了一项支付服务指导意见，除了为统一欧洲支付提供法律基础外，这个指导意见还引进了一项新的认证制度，以鼓励非银行机构进入支付市场；建立了一个有着高透明度的共同的支付标准；在欧盟及其他地区执行最大限度使用欧元和其他欧洲货币支付；针对一些成员国，在供应商和消费者之间引进一种快速责任制来对消费者进行保护		俄罗斯人最喜欢的还是现金，信用卡支付排名第二，现货现款排名第三

续表

指标	北美	欧洲	亚洲	俄罗斯
网购工具	平板电脑也逐渐在全球在线买家中流行起来。北美平板电脑用户占到全球的47%。平均来说，通过智能手机或平板电脑网购的人要比用电脑的人买得更多	在欧洲，移动电话渗透率超过了100%，这意味着每个人至少拥有一部手机。5.5%的电子商务交易是通过移动设备进行的，这一数字在将来还会大幅提高	社交媒体对于成功的电子商务是十分重要的，当社交网络的同类人对一个东西的评价很高时，会影响消费者的购买决定	
语言	语言是跨境电子商务的有趣动力，因为在线销售一般开始于搜索，顾客会用自己的母语进行搜索，而搜索习惯是由语言驱动的;关键词是找到信息的催化剂，从而引导网购者到达指定的网络商店。美国与邻国加拿大以及英国、澳大利亚、新西兰都使用英语，消除了电子商务的语言障碍。西班牙语是美国的第二大语言，亚利桑那州、加利福尼亚州、得克萨斯州、新墨西哥州等地方，有3700万美国公民说西班牙语。中文和法语也是美国特定地区的语言，这可以推动美国与相应语言的地区之间开展电子商务	一个统一的欧洲市场能给电子商户提供巨大商机，但是只有27%的欧洲电子零售店主在跨境销售他们的产品；在不同地区，消费者的购买速度和商户的销售速度存在着很大差异。欧洲跨境电子商务买家的主力军是比利时、荷兰、卢森堡等，这些国家的消费者对于从网上购买国外的东西尤为热衷。在欧洲，我们也能看见由一个共同语言所驱动的跨境电子商务环境，奥地利和瑞士会从德国的电子零售商买货，比利时的商店会在法国的网站上卖东西，这些都取决于他们有共同的语言		

续表

指标	北美	欧洲	亚洲	俄罗斯
跨境电子商务企业发展情况	虽然美国网上商家一直关注电子商务，但零售商们仍旧错过了跨境电子商务提供的绝佳机会。当中国以90%、日本以71%、加拿大以55%的速度增长时，美国落后了。与此同时，电子支付也对邻国加拿大的实体增长贡献颇多。美国应当意识到世界上95%的消费者都住在国外，跨境电子商务带来的机会大于挑战。在线商户们可以和全球的收购方一起合作，并且加入信用卡支付网络从而获得全球的资源，这将会使他们在跨境电子商务中更容易成功	由于相应的税法和物流因素，在线商户们似乎还是有点不情愿做跨境电子商务。尽管如此，欧洲仍是世界上最有潜力的跨境电子商务地区和最有希望成为增长最快的跨境电子商务区。欧洲立法的多样性，同时也阻碍了跨境电子商务的进一步发展。埃森哲曾对146家欧洲商户进行了调研，超过1/4的受访者认为，如果能够利用多渠道机会销售在线和跨境物品，他们的销售额会增长25%。促进在线商务增长，目前已成为欧盟的经常性议题。欧洲电子商务的市场规模在2012年超过3000亿欧元，欧盟已有了一项旨在使这一数字在2015年前翻倍的计划。为了达到这一目标，欧盟设立了统一数字市场，来消除技术和法律的障碍	亚洲各地区之间有着极强的联系。排名前三的跨境电子商务地区和国家分别是：中国香港特区、中国内地、日本。从卡的支付总量来看，前五名都分布在环太平洋地区。 中国同时拥有5亿多网民、2亿多在线买家，中国对于想拓展海外市场的商户来说是一个大金矿。虽然目前中国电子商务市场被阿里巴巴主导，但京东、当当和腾讯等都想分享这块大蛋糕。中国的城市和农村在电子消费方面有着很大差异，在物流和配送等电子商务看中的关键性因素方面，更是存在较大差距。上海、北京和深圳是中国前三大电子商务市场，香港特区和澳门特区紧随其后。市场的领导者——淘宝，作为阿里巴巴的一部分创立了支付宝，促使中国的B2C迅速发展，新的电子商务企业也在努力寻找自己的一席之地	广袤的地域以及落后的交通基础设施，也是俄罗斯目前电子商务得以发展的机遇

续表

指标	北美	欧洲	亚洲	俄罗斯
		超过一半的欧洲前300强在线零售商都在跨境销售，欧盟在线买家的数量也在不断扩大。如果产品和服务均在线上销售，那么产品和服务会是来自美国或欧洲近邻的商户		

（三）案例

包着纸尿裤奔向创业板，最具上市实力的跨境电子商务如何发家

根据中国电子商务中心统计的跨境电子商务估值排名（截至2015年9月），有15家公司（表1-2）有机会冲击上市，而估值最高的独立跨境电子商务平台中，母婴产品电子商务占一大半，其中蜜芽宝贝、辣妈帮、贝贝网均以60亿元人民币的估值位居前三，宝宝树以30亿元人民币次之。母婴产品成为跨境电子商务平台的首选品类。2005年以来，各大平台陆续发动的几场纸尿裤大战，更将纸尿裤作为撕开跨境电子商务万亿市场口子的利器，甚至作为平台吸引资本的诱饵。

表1-2　15家公司及其商务模式和估值

独立跨境电子商务平台	商务模式	估值/元
蜜芽宝贝	垂直型的B2C母婴产品电子商务、自营	60亿
辣妈帮	移动母婴垂直社区+海外直购+保税闪购+移动购物	60亿
贝贝网	闪购模式+移动购物	60亿
宝宝树	社区+电子商务	30亿
敦煌网	B2B模式的在线出口交易平台	20亿
洋码头	海外买手制基础上的海外直购	15亿
环球易购	B2C模式的跨境出口电子商务	10亿

续表

独立跨境电子商务平台	商务模式	估值／元
蜜桃全球购	海外品牌限时特卖	6亿
有棵树	跨境出口电子商务	10亿
大龙网	转型中的外贸B2B	10亿
拉拉米	N+1模式	2.5亿
菠萝蜜	移动跨境进口电子商务	3亿
海豚村	代海外电子商务运营+海外直邮的跨境出口电子商务	2亿
海蜜	海淘闪购+海外商品买手的"现场扫货直播"	1亿
E&I	B2B2C的混合模式	3亿
资料来源：天下网商、中国电子商务中心		

母婴产品成为跨境电子商务平台做活动的首选品类，网易自2015年成立跨境电子商务平台考拉海购后，先后掀起两轮纸尿裤大战；京东以纸尿裤为主推出了母婴产品5折的促销活动；蜜芽宝贝宣布投入5亿元备货纸尿裤，1亿元补贴促销。各大平台在首页推广的"花王纸尿裤89元包邮""纸尿裤低至0.85元每片"等活动十分抢眼，价格比原价便宜一半，甚至更低。

低价肉搏图什么

从2010至2017年，中国海外购物交易额从100多亿元增长到1100多亿元，奶粉和纸尿裤消费占海外购物总额的18%，交易额接近150亿元。相关数据显示，2018年中国母婴市场交易额将要突破3万亿元，占社会消费品总额的6.8%。谁都不想错失这块蛋糕。因此，需求刚性、购买频次高、标准化程度高的纸尿裤就成了撬开这个万亿市场的利器。纸尿裤是标品，同一品牌的价格好比较，容易通过比价建立平台优势。快速用价格吸引流量，把流量转化成销量，然后拿到融资，继续赔本竞争，这是掘金万亿母婴产品跨境电子商务市场的捷径。

电子商务巨头强势进入市场给小跨境电子商务平台的重大冲击

日本花王天猫国际官方旗舰店于2015年"双十一"上线，意味着两家正式达成战略合作。日本花王株式会社代表董事竹内俊昭表示，阿里巴巴零售平台是日本花王在中国唯一授权的官方线上平台，其他平台均未获得授权。在物流方面，阿里巴巴会以整个集装箱的形式进入中国保税区，然后通过保税区将货物发送到消费者手中，很大程度上降低了整个物流运输成本。

除天猫国际之外，大多数跨境电子商务平台都采用自营，或者像京东这样的“自营+平台”形式。在供应链前端，它们通常以海外直采或者品牌合作的方式。比如蜜芽宝贝在海外7个国家设置了专门的国际采购团队，一包日本花王纸尿裤从日本到中国，需要买手团队先在当地采购，然后以集装箱的方式进到保税区，或者直邮到消费者手中。这些电子商务巨头本身就有着强大的资金和知名度，他们强势进入母婴产品市场必然会给小型电子商务平台和代购行业带来巨大的冲击。当然这种模式的最大弊端是货品种类少，补货慢，大促时容易造成爆仓，同时产品品质难以把控。

第2节 跨境电子商务营销

一、跨境电子商务营销的概念

跨境电子商务营销是指利用计算机网络、移动网络等现代信息技术从事跨境的市场调研、市场分析、营销策划、市场开拓、客户管理等营销活动。

二、跨境电子商务营销的重要性

跨境贸易不但是互联网商业巨头争抢的核心，也为国内外的中小型企业创造新机遇，促进进出口贸易的发展，增加各国企业的交流，必将成为国家贸易的主流。有“世界超市”之称的全国最大小商品市场所在地义乌2015年电子商务交易额达到1511亿元，同比增长31%。其中外贸零售成交208亿元，外贸B2B成交374亿元。

对于跨境电子商务的运营，营销是最关键的一步。因为在跨境电子商务中，我们并不能直接让客户看到、感觉到我们的商品，所以如何将自己的商品变得更有吸引力、能投其所好就变得非常重要了。

三、跨境电子商务营销的核心

跨境电子商务营销的核心是通过网络传播让较多的用户在较短的时间内了解卖家产品。其核心手段是通过产品定位、市场数据分析、营销推广、客户服务等方式来达到营销目的。

跨境电子商务营销注重的是通过推广能够产生什么经济利益。它需要团队协作，通过对客户、供应商及反应市场变化情况的数据的分析整合，来总结和预测未来的走向。营销方案主要靠的是创意和策略。

供应链优化也是跨境电子商务营销的重点，好的供应链=最多的商品+最低价格+最快到货速度。各家平台也在积极寻找差异化的可能，包括京东全球购、考拉海购、洋码头等平台在品类丰富度上做文章，以蜜芽宝贝、贝贝网等为代表的垂直母婴产品电子商务则在个性化中寻找机会。蜜芽宝贝在不断提高奶粉、纸尿裤等垂直品类供应链能力的同时，扩大移动端的社交圈，开通“蜜芽圈”，以口碑效应提高平台黏性。贝贝网则在2015年10月14日宣布，未来一年将投入5个亿，扶持1000家单月销售额超过100万的优质中国品牌产品。非标品占70%以上的贝贝网是想通过整合中国制造的能力，在产品供应链上建立足够的优势。

四 跨境电子商务营销的方式

在信息爆炸的时代，如何让消费者从海量数据中获得企业产品信息？可以通过各种营销方式，包括网络广告、新闻营销、软文营销、论坛营销、博客营销、微博营销、电子邮件营销、数据库营销、网络游戏植入营销等，或者几种基本营销方式的组合，包括事件营销、口碑营销、病毒营销、免费策略营销、饥饿营销、借力营销等。虽然营销的方法有很多，但是仍需要有的放矢。企业或卖家需要充分了解客户可接受的营销方式、客户的喜好；否则，不恰当的营销方式可能会使客户对产品广告信息产生厌恶感，最后把产品广告信息当成“垃圾信息”处理。

第3节 如何做好跨境电子商务营销

一 应具备的基础知识

做好跨境电子商务营销应具备以下基本知识：

- 简单的营销知识。
- 数据分析处理知识。
- 了解各国实行的跨境电子商务政策。
- 了解某一跨境电子商务平台的特性、功能、服务对象等。

跨境电子商务不能不知道的9种数据：

1. 用户获取成本

在电子商务领域有这么一句话:“如果不能分析数据,就不能控制住流量。”因此,跨境电子商务企业首先需要了解每天有多少访客登录你的网站，登录的访客与完成购买的访客之间比例是多少,以及吸引访客的成本是多少。搜索引擎优化是获取用户的方法之一,除此之外,为了吸引更多的用户还必须在金钱上有所付出。

2. 未完成付款的订单

访客会因为各种各样的原因突然放弃购买,通过分析这一部分客户中断购买的原因,可以更好地改进页面及调整市场。作为一个电子商务企业,未完成付款或者访客放弃购买的订单,是必须进行追踪和分析的数据。

3. 谷歌数据分析实验

有了谷歌数据分析,你能够对网页作出准确的分析,而不再是凭借经验进行猜测。

4. 访客价值

如果能了解到平均每个访客可以带来多少营收，就能将吸引网页流量的成本设定在一个合理的区间内。

5. 终身价值

每个消费者的终身价值和他们的流量源都是一个重要的数据,依据这些数据,便能轻松地针对产品设计推广计划。

6. 用户流量

用户流量是最能为你带来收入的因素。很显然你希望那些正在寻找你的网站的消费者能够来到你的网站购物，为你的网站增加流量。但是那些并不是在寻找你的网站的用户,同样不可忽视。他们也许正在网上寻找某一种商品,而你恰好正在销售这种商品,这时你要做的就是将这部分用户吸引过来。

7. 投资回报率

很多企业已经开始选择投放线上广告，但是并不是所有企业都意识到了广告的投资回报率的重要性。通过分析相关数据,可以了解哪些平台的广告效果最好,而哪些平台的推广效果还有待提升。另外,还可以对多个广告平台的效果进行分析,以便在最好的平台上投放效果最好的广告。

8. 购买渠道

除了分析购买成本之外,分析访客购买渠道也是十分重要的。分析访客通过什么方式找到我们,并进入购买程序,对转化率的优化和提高有重要的作用。

9. 移动设备访问比率

很多公司都会针对移动网页的使用情况制作报告。据调查,在所有访客中,接近20%的访客通过智能手机和平板电脑等移动设备进行访问。因此,分析一下有多少访客在使用移动设备浏览你的网页是非常有必要的。

二 常用营销工具的使用

（一）常用的数据分析工具

1. 易选品

易选品是人工智能和大数据的核心产物，是Wish平台旗下唯一一家利用数据预测来选品的大数据分析工具，为卖家提供Wish全平台多维度数据信息，洞悉市场前端产品的变化以及销量走势。易选品商品详请数据分析界面如图1–1所示。

图1–1 易选品商品详情数据分析界面

易选品如何对商品做标签精准优化、分析？点击两个同类商品，用商品相关标签做对比分析，从标签的增长率、销售值等多维度分析出每一个词给商品带来的利弊，让卖家可以更好地“对症下药”并修改，易选品商品标签分析如图1–2所示。行业分析是从行业红、蓝海区分开始，对行业进行深度分析对比，选好蓝海行业，通过了解行业内商品销量情况来寻找商品潜爆元素以及热销商品，选好商品，在了解某商品的竞争情况后做分析对比，了解该商品在海外市场需求多少、竞争多少，从而更好地帮助卖家避免走弯路，易选品行业对比界面如图1–3所示。

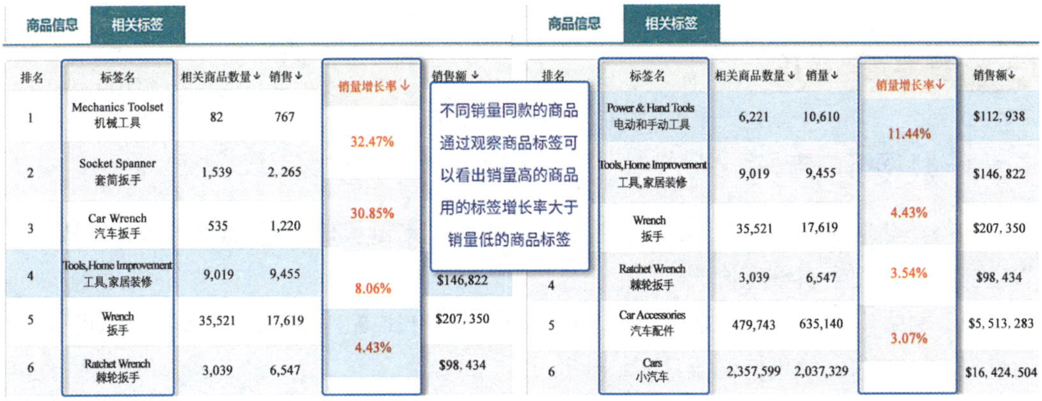

图1-2 易选品商品标签分析

图1-3 易选品行业对比界面

2. Terapeak

Terapeak是一个电子商务市场交易数据分析软件,除此之外,还有芒果助手、卖家网、数字酋长、SAP等。

(二) 常用的上架刊登优化工具

1. 芒果店长

芒果店长具有支持(多平台)发货、上架,以及财务预算、库存管理等功能。

2. 店小秘

店小秘是一款免费的跨境电子商务ERP,全面支持Wish、速卖通、eBay、amazon、Lazada平台,提供全面的产品刊登、订单打印、库存管理、智能采购、数据统计、数据分析等功能。

3. Turbolist

eBay自有的批量上新工具。

4. 其他

畅路销、通途、物托帮、超级店长(跨境版)、IBAY365等。

三 掌握营销技巧

（一）网络广告

网络广告分为三类：静态、动态、交互式，包括文本链接广告、富媒体广告、插播式广告、视频广告、搜索引擎竞价广告。

（1）网络广告的主要功能特点：传播范围广、性价比高、表现形式多样、互动性强、灵活性好、精准度高、效果精确统计。

（2）网络广告的主要形式：网幅广告（Banner）是以GIF/JPG/Flash等格式建立的图像文件，定位在网页中用来展现广告内容。

（3）网络广告的计费方式：包月、CPM（按广告显示每千次付费）、CPC（按每次点击付费）、CPA（按访问者对网络广告采取的行动收费）、CPS（按广告单击之后实际销售比数付费）。

（4）网络广告的投放步骤：①确定广告目标；②确定预算；③选择媒体投放广告。

（5）网络广告的效果检测指标：①网站数据；②销售数据；③转换率。

（二）新闻营销

新闻营销是指企业在真实且不损害公众利益的前提下，利用具有新闻价值的时间，或者有计划地策划、组织各种形式的活动，借此制造“新闻热点”来吸引媒体和社会公众的注意与兴趣，以达到提高社会知名度、塑造企业良好形象并最终促进产品或服务销售的目的。

（1）新闻营销的特点：隐蔽性、权威性、客观性、传播性、连锁效应。

（2）新闻营销的借势策略：名人、体育、自然事件、社会事件、娱乐、挑战。

（3）新闻造势策略：造人、造事、造活动、造概念、造争议、造价格。

（4）新闻的发布：人脉关系、报料投稿、外包、资源互换、引起媒体主动关注。

（三）软文营销

软文营销指通过特定的概念诉求，以摆事实讲道理的方式使消费者走进企业设定的“思维圈”，以强有力的针对性心理攻击迅速实现产品销售的文字模式和口碑传播。

（1）软文营销的特点：本质是广告，伪装形式是一切文字资源，使受众“眼软”；宗旨是制造信任，使受众“心软”；关键要求是把产品卖点说得明白透彻，使受众“脑软”；最终的着力点是兴趣和利益。

（2）软文营销的策略：新闻攻略、概念攻略、经验攻略、技术攻略、话题攻略、权威攻略。

（四）论坛营销

论坛营销是指企业利用论坛网络交流平台，通过文字、图片、视频等方式发布企业产品和服务信息，从而让目标客户更加深刻地了解企业的产品和服务，最终达到企业宣传品牌、加深市场认知度的目的。

（1）论坛营销的特点：针对性强、氛围好、口碑宣传比例高，且投入少、见效快、快速掌握用户反馈信息。

（2）论坛营销的要素：人、引爆、渠道。

（3）论坛营销的步骤：了解需求、找到最佳的卖点、制造不同阶段的话题、互动设计、阶段性的手段和方案、数据的监控。

（五）博客营销

博客营销是为了达到某一战略目标所进行的长期性、战略性行为活动，也是一种公关行为。

（1）博客营销的主要功能特点：细分程度高，用户精准；口碑好，可信度高；引导社会舆论，影响力大；降低传播成本，性价比高；有利于长远利益和培养忠实用户，并引导客户角色的转变。

（2）博客营销的要点：博客定位、更新频率、内容、正确对待负面评论、与用户的互动。

（六）微博营销

微博营销是以微博这种网络交流平台为渠道，通过微博客的形式进行推广，以提升品牌、口碑、美誉度等为目的的活动。

（1）微博营销的特点：操作简单、互动性强、成本低。

（2）微博营销的作用：使公司形象拟人化，提高亲和力、拉近与用户之间的距离，获得反馈与建议、对产品进行监控，可引发或辅助其他营销手段。

（七）电子邮件营销

电子邮件营销（EDM）是在用户事先许可的前提下，通过发送电子邮件的方式向目标用户传递价值信息的一种网络营销手段（并非单纯的电子邮件的群发）。

（1）EDM的作用：提升知名度、发展新用户、维护用户关系、提升用户黏度、促成二次销售、迅速传递信息。

（2）EDM如何获得地址：在线订阅、有奖调查、网站注册、相互交换、网上搜集、软件生成、花钱购买。

（3）EDM的监测数据：邮件送达率、邮件退信率、邮件打开率、点击率、反馈率、转化率、直接受益。

(八) 数据库营销

数据库营销是企业通过收集和积累会员(用户或消费者)信息,经过分析筛选后有针对性地使用电子邮件、短信、电话、信件等方式进行客户深度挖掘与关系维护的营销方式。

(1) 数据库营销的特点:精准、性价比高、竞争隐藏化、个性化、反馈率高。

(2) 数据库营销的作用:维护客户关系、开发老客户、实施精准营销、提升数据的价值。

(3) 数据库营销的实施步骤:①建立数据库(Excel or CRM);②采集数据(方法:自有用户、网络调查、活动、网络搜集、交换、购买);③数据管理与数据挖掘(数据管理:利用计算机工具将数据库变得有条理;数据挖掘:挖掘用户、挖掘需求、挖掘产品);④完善用户数据库(引导、反馈、调查、行为、活动、沟通)。

(九) 网络游戏植入营销

网络游戏植入营销是指通过网络游戏媒介所投入的广告，是基于互联网和无线通信技术的一种新媒体形式。其主要表现形式是网游内置广告,包括静态、动态游戏内置广告。

(1) 网络游戏植入营销的特点:忠诚度高,情感效果、记忆效果、催眠效果好,长期引导。

(2) 网络游戏植入营销的植入方式:把广告商品变成游戏内部的场景、游戏装备或道具、游戏内商城或店铺式的产品广告,把产品变成游戏中的情节和任务等。

第2章

建立合理的跨境营销目标

第1节 明确目标市场

在开始策划一个跨境电子商务营销方案前，首先要明确目标，要知道自己为什么做这件事，比如是为了追求IP、追求流量、追求注册量、追求销售量、追求品牌知名度等。

通常来说，我们作为卖家在思考要如何选定市场时可以先考虑自己在什么产品资源上具有优势，然后根据自己的优势产品，确定目标市场。如果自己没有产品，那么不妨去看看市面上有什么产品，或者用Google Trends(谷歌趋势)查看不同国家最火的搜索词，又或用Facebook等社交工具关注一下现在的流行趋势来确定自己的产品。

确定完产品，我们可以用Google Trends和Google Keyword Planner查找产品词的搜索趋势，以及不同国家的月搜索次数，来确定产品在哪一个国家的市场最大，最具潜力。

首先，介绍一下Goolge Trends。Google Trends是一种市场趋势分析工具。它通过对用户搜索进行分析，收集热门搜索数据(事件、关键词)并归类，然后总结出全球或者你的目标区域目前热门的事件或者热门的搜索是什么样的情况，是怎样的一些信息。

Google Trends首页有国家切换的选项栏，可根据需要切换至熟悉的国家，也可切换成熟悉的语言。Goodle Trends主页分为三块：(1)热度正在上升的搜索字词，也就是目前的热门搜索；(2)排行榜；(3)深入探索，它显示的是某个事件或者明星在某个区域的具体搜索热度情况。图2-1所示是两种品牌纸尿片在某个区域内不同时间的搜索热度的对比。

如果看得再细致一点，Google Trends 还可以为我们提供同一产品在美国不同地区的热度排名，如图2-2所示。搜索“China”就可以查看产品在中国各地区的销量情况，如图2-3所示。

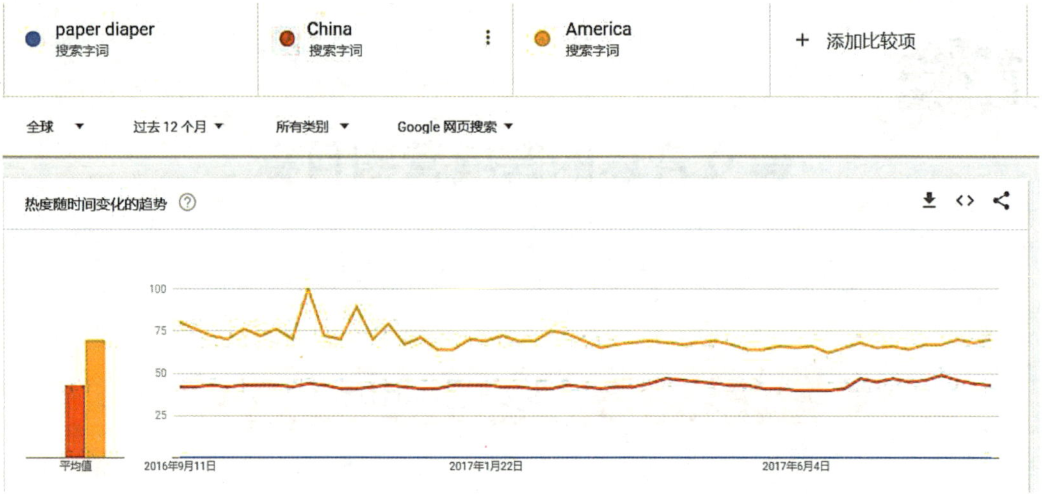

图2-1　两种品牌纸尿片在某个区域内不同时间的搜索热度

图2-2　纸尿片在美国各地的搜索情况

图2-3　纸尿片在中国各地区被搜索的情况

除了地区的不同，还有时间段的不同，卖家适合在搜索量比较高的时间段发布或更新产品，这样有助于让感兴趣的买家看到，如图2-4所示。

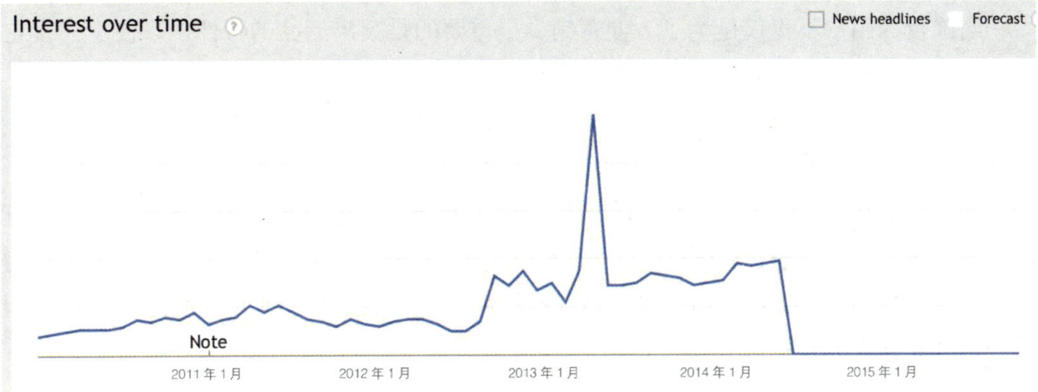

图2-4 纸尿片在不同时间段的搜索量

Google Trends还可以告诉卖家相关的搜索，同样一款产品，买家的搜索习惯是什么，卖家可以根据这个来调整或检测自己的关键词，如图2-5所示。

相关主题		热门
1	一次性用品 - 主题	100
2	尿片 - 主题	100
3	婴兒 - 主题	20
4	袋 - 主题	10
5	布 - 主题	10

第 1-5 个主题（共 25 个）

相关查询		
1	cloth diapers	100
2	disposable diaper bags	55
3	disposable diaper liners	55
4	disposable diaper inserts	50
5	first disposable diaper	20

图2-5 纸尿片搜索关键词的热度

第2节 明确目标用户

跨境电子商务营销的目标用户是根据制定的营销目标来获取的。比如，如果我们要瞄准目标IP，那就要了解最容易点击我们产品的是哪些人。不同的营销目标针对不同的用户群，所以跨境电子商务营销要对用户进行分类。除此之外，我们还需根据产品、市场情况等多方面因素明确目标用户。

从互联网角度来考虑用户，通常分5类：能够带来收入的用户；能够带来流量的用户；能够带来内容的用户；能够带来口碑的用户；能够带来品牌与权威性的用户。

明确目标用户不仅仅是为了方便营销，更重要的是突出产品的特性，以便于完善它们。我们需要通过以下几个步骤来找准目标用户：

（一）从产品特性进行定位

如果卖家是一家从事DIY手工制作的营销商，那么就要搞清楚哪些人群会购买DIY产品。DIY产品注重的是个性与新意，因而年轻女性（18～26岁）更容易成为买家，因为她们经常有送礼物的需要，为了体现礼物的特殊性，她们通常会选择DIY手工产品。所以，我们就把年轻女性作为目标用户。

（二）找出目标用户比较集中的平台

通过用户群体特性找到的平台最好是在垂直行业中比较有影响力的平台或者渠道，这样就可以在精准用户的基础上测算营销的ROI。如果卖家销售的产品是电饭煲，那么就要考虑用户如果有需要购买的话会倾向于去哪个平台购置。正如国内买家买电器第一时间就会想到京东一样，跨境电子商务卖家同样可以通过一些数据分析统计来得知目标用户比较集中的平台。

（三）对已找到的目标用户群进行筛选分析

当我们大概了解产品的目标用户人群之后，我们还应该将其细分，这样能方便找出他们的特征。如果是DIY产品，我们不能泛泛地说目标用户是女性、年龄偏小，因为这类人群的特征不好归纳。我们可以将年轻女性再细分为恋爱女性、单身女性等，送自己、送朋友还是送爱人，已工作还是学生，对价钱敏感还是对质量敏感等。这样细分下来我们可以更清楚地归纳出用户的特性。

下面举例说明几个典型消费群体的特征：

（1）宝妈人群：该部分人群最有品牌意识、最关心产品质量问题，也最有时间和条件成为消费水平比较高的买家。

（2）白领人群：有较强的消费力，愿意通过电子商务等新的销售渠道进行购物，是网络购物的中坚力量。

（3）大学生：具有一定的消费力和辐射力，是作为潜在消费者培养的主要对象。

在CNZZ网站中我们同样可以对访客的特性进行了解。事实证明，这样的了解是有价值的，因为这些访客是经常使用网络、移动端接收信息的人，他们所关注的一般都是当下热门。此外，如果要做推广，无论是什么方式，他们都是最先看到、听到甚至传播出去的，所以把握好他们的品位喜好是十分重要的。如图2-6所示，从产品的角度出发，分析什么样的人群会选择购买这种产品，如年龄段、性别、网名类型等。CNZZ网站数据分析首页（适用版）如图2-7所示。

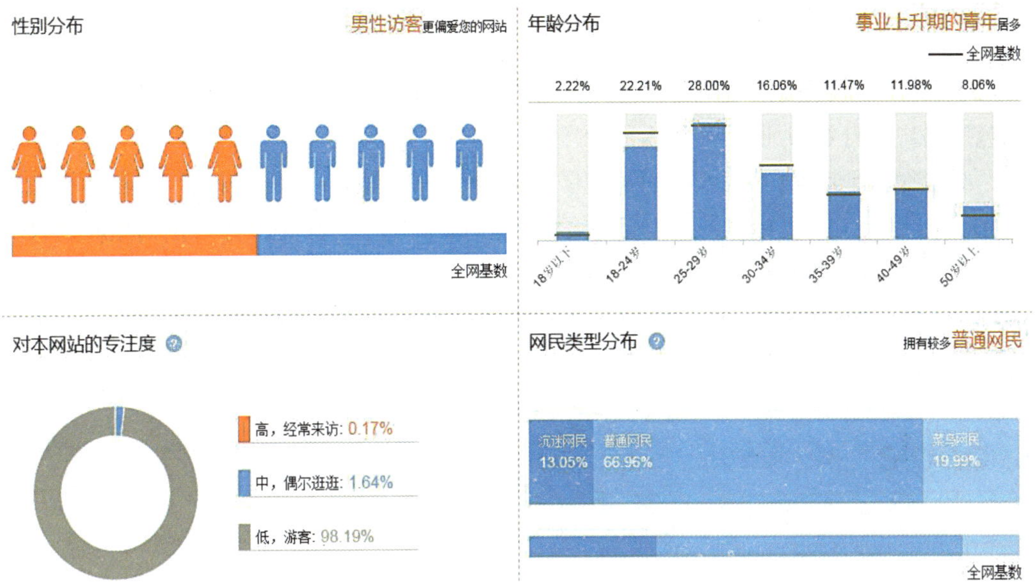

图2-6 搜索某产品的人的特征分布

图2-7 CNZZ网站数据分析首页（适用版）

第3节 明确目标用户的特征

跨境电子商务营销中只明确目标用户群还不够，还要细化目标用户群，明确用户的特征，包括用户的自然特征、用户需求等等。

如何确定目标客户？我们可以通过Google搜索、BBS、Forum、Review来找到目标客户所在的社区，然后了解目标客户的特征；也可以通过Facebook等社交工具来找到相应的兴趣小组，加入他们并了解他们的特征。

Review所搜索到的是较为专业的一些测评网站和一些较为专业的评论文章，很有参考价值，Review搜索结果如图2-8所示。

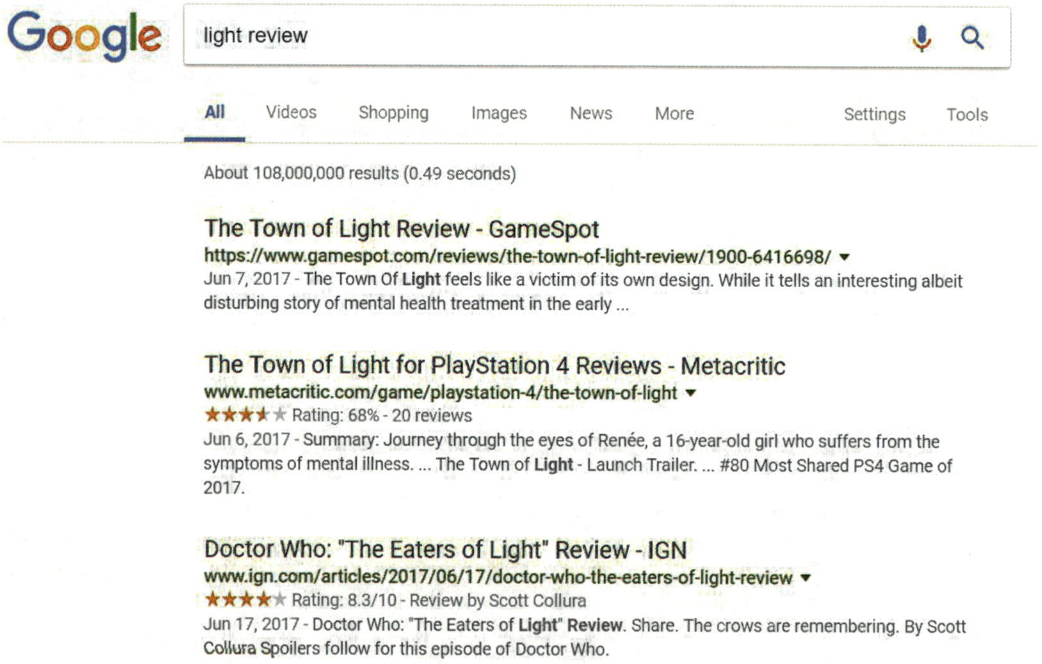

图2-8　Review搜索结果

Facebook搜索到的可能是对该产品感兴趣的兴趣小组，里面对于一些娱乐性很高的产品图片会传播得很快，Facebook中LED Light的关注情况如图2-9所示。

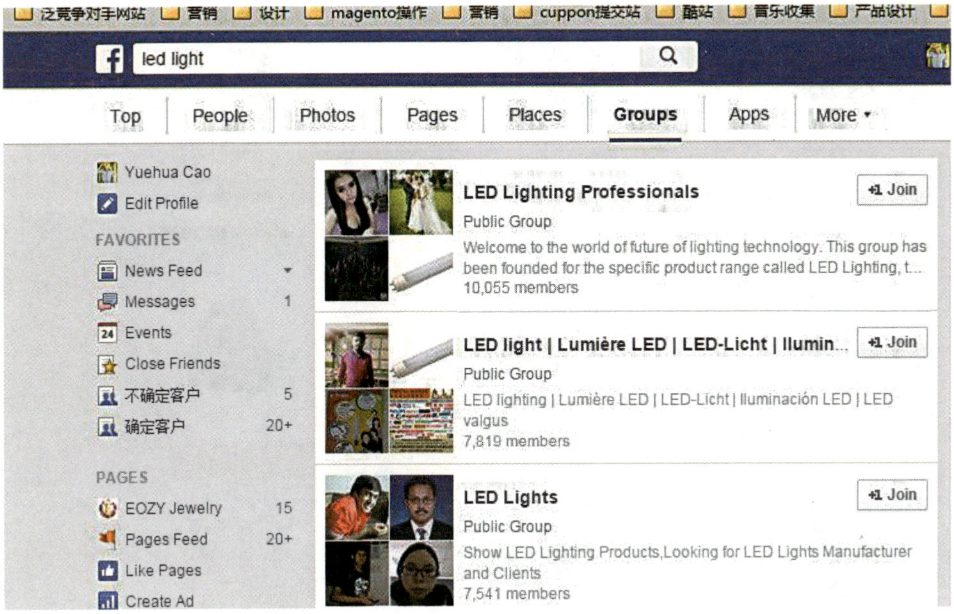

图2-9 Facebook中LED Light的关注情况

第4节 明确目标用户集中的平台

明确了目标用户，并研究透目标用户的需求后，开始寻找目标用户。结合用户特点和需求分析，渠道列得越详细越好，比如，用户喜欢论坛交流，就一定要把所有目标论坛全部找到并列出清单。

最直观的方法就是用自己产品的核心词，在各个第三方平台搜索，然后找到相似的产品，看一下其他卖家的情况，综合对比销量、营销方法及评论等因素，来判断产品在哪一个平台销量最高。当然也要看产品本身的特性是否适用于平台，产品是否可以做零售或批发以确定平台。

以纸尿片为例，我们分别在amazon和eBay上搜索"diaper"，amazon搜索结果如图2-10所示，eBay搜索结果如图2-11所示。

比较两个国外的知名网站我们可以看出，eBay在纸尿片的种类和销量各方面都优于amazon，amazon更倾向于向买家推荐与纸尿片相关的产品。国外的买家也更倾向于在eBay上购买纸尿片这种产品。我们还可以在更多的第三方网站上搜索，总结出在哪个网站、用哪种营销方式会让我们的目标产品更好卖。

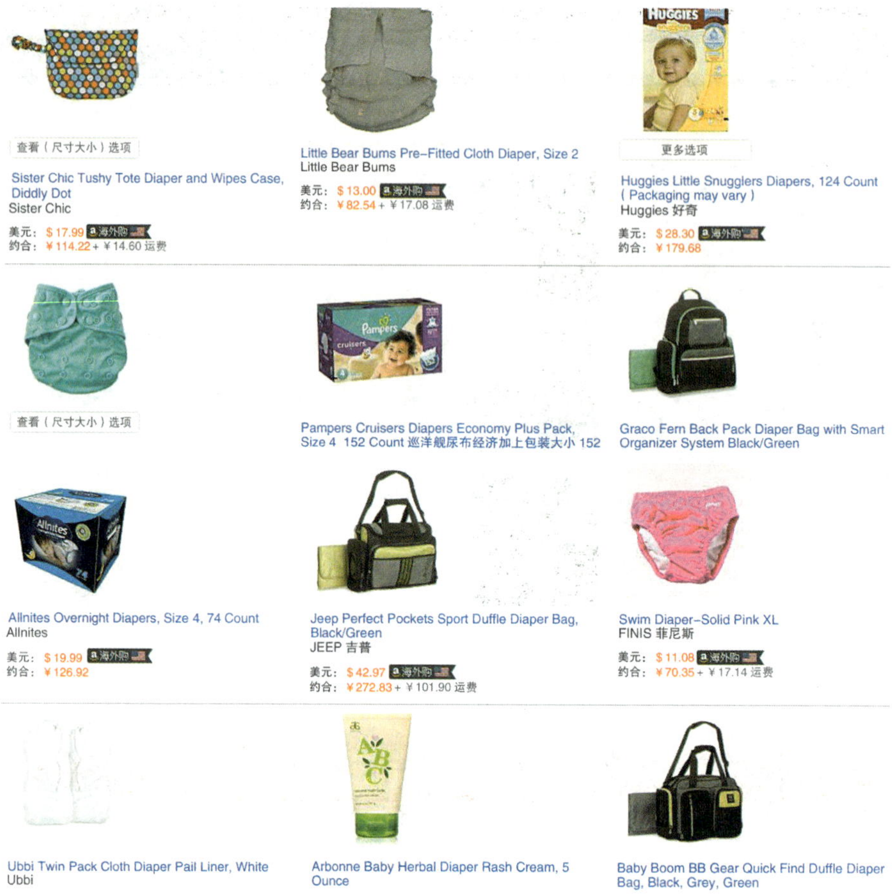

图2-10　amazon上纸尿片的搜索结果

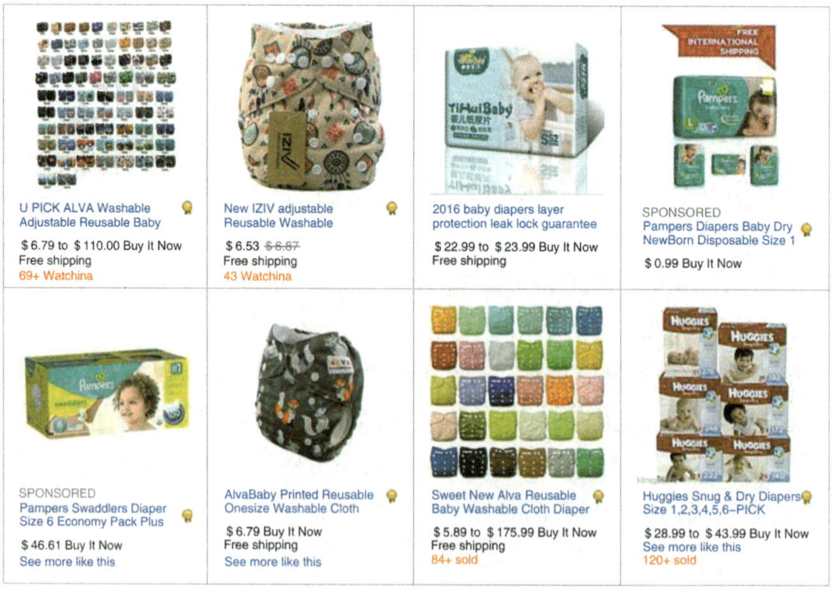

图2-11　eBay上纸尿片的搜索结果

第5节 针对用户特点确定产品与价格

一 将目标用户转化为真正的客户

在得出目标用户方方面面的信息之后，我们需要进一步分析如何让他们转化为我们真正的客户。

1. 查找信息

分析目标用户获取信息的手段，得出用户获取信息方式的特点，以此来进行推广。如果用户获取信息的主要手段是搜索引擎，就要通过SEM/SEO方式来推广，而且尽量把用户可能搜索到的词汇或词汇类型全部列出来。

2. 看介绍

当用户通过获取的信息进入自己感兴趣的页面后，会开始浏览这些信息，在这个环节，我们就要摸透用户最关心的问题有哪些，如价格、口碑、品质等。依据用户所关心的问题，着重进行推广。

3. 联系客服

如果用户想要对企业或产品进行进一步了解，那么客服的作用就显现出来了。我们需要建立一套标准化和流程化的话术体系，针对用户的常见问题，提前设计出标准答案，给出解决方案。同时需要注意客服素质的培养。

二 确定产品价格

网店要有竞争力，关键不仅在于商品本身的质量，卖家的运作、商品的价格也有很大关系。同样的商品，价格低的自然就更有竞争力；相同价格的商品，如果质量相差无几，那么包装、小装饰就能拉开商品档次。在确定自己的价格之前，我们首先要对行业的产品价格作一些了解，然后再根据自己的产品特性来定价。价格的调查步骤如下：

第一步：打开比较有代表性的平台，如eBay、速卖通，进入你的候选产品所在类目（注意进类目，不是keyword），把前三页约100件产品选出，去掉最低的5个价格和最高的5个价格，计算所有包邮产品的平均价格和最高、最低价。之所以要去掉最高、最低价，是因为很多价格是用来刷信用的，真实性不高，果断砍掉。

第二步：仔细查看前三页中打折并且包邮产品的原价，并把这些原价记下来，计算平均价格和最高、最低价。

经过以上两步,你已基本上对该平台上这一类产品的销售价格有所了解。

需要注意的是,如果你的产品无法做到包邮,就计算所有不包邮产品的平均价格和范围,方法一样。

第三步: 了解你的产品的单件体积和质量,一定要精确到克或10克。因为跨境物流费用很高。

第四步: 确定用哪种包装方式,用纸盒还是纸箱、飞机盒或者专用发泡袋,应根据产品特点而定,首要考虑的因素是长途运输、安全和包装牢固。确定后,到1688.com或者淘宝上去找批发包装材料的店铺,了解你所需要包装的价格、大小以及毛质量,对体积和皮质量要求精确。

第五步: 将上一步所得的体积和毛质量合在一起,在质量上再放些余量用于打包带、标签贴以及泡沫等。

第六步: 到在线发货页面输入体积和质量,并选择运输方式,估计运价。这一步非常重要,因为以后的运费模板将以这些数据作为基础,建议用本子记下来。

第七步: 把第一、第二步所了解到的市场平均包邮价减去你所希望包邮的运输方式价格(如全球一般使用中邮挂号,美国一般包邮用e邮宝),得到产品的FOB价格。

第八步: 把这个FOB价格乘以一个大概汇率以后和你能拿到的货品价格相比,计算有多少毛利润。现在市场情况下,一般有30%或者每件有20元以上的利润,就可以做了,且毫无疑问是越高越好。估算的利润空间越大,你的定价策略、营销手段就越能运用自如。

经过以上几步,你已经对这个产品的价格有相当专业的了解了,起码不会被平台上那些看不懂的价格所迷惑了。

可以通过一些数据收集分析网站来帮助制定价格。影响排名的两个主要因素是关键词和销量,而销量的主要决定因素就是价格的高低。价格制定根据产品和目标用户可支付度(也就是他们的需求曲线)来制定。如果价格过低,短时间内或许可以获得可观销量,但是长期低于成本的价格必定会使企业亏损;而价格过高会让用户更加谨慎下单,对产品的品质要求也变高,而跨境买家既无法看到真实产品,退货又十分烦琐,所以他们对于高价格的产品往往选择在实体店里购买,导致线上销量无法提升。针对以上问题,下面介绍两种定价策略:

1. 狂人策略

研究同行业卖家、同质产品销售价格,确定行业最低价,以最低价减5%～15%为产品销售价格。用销售价格倒推上架价格,不计得失确定成交价。

上架价格的确定有两种思路:①上架价格=销售价格/(1－15%)。此策略费钱,可以用重金打造爆款,虽然简单、粗暴,但很有效。这种方式不可持续,风险较大。②上架价格=销售价格/(1－30%)。此策略相对保守,可以通过后期调整折扣来让销售价格回到正常水平。两种定价思路都可以在15%折扣下平出或者略亏,作为引流爆款。

2. 稳重策略

比较稳妥的方式是通过计算产品的成本价，根据成本价加利润的方式来确定产品的销售价格。产品的销售价格确定后，再根据店铺营销的安排，确定上架价格。

例如，产品成本（包括物流成本）是3＄，按照速卖通目前的平均毛利润率（15%），还有固定成交佣金费率（5%），以及部分订单产生的联盟费用（3%～5%），我们可以推导：

销售价格=3＄÷（1−0.05−0.05）÷（1−0.15）=3.92＄

再保守点，销售价格=3＄÷（1−0.05−0.05−0.15）=4.00＄

其中，5%的联盟佣金并不是所有订单都会产生，但考虑到部分满立减、店铺优惠券、直通车等营销投入，以5%作为营销费用，基本没有差错。

当然，其中还可以加入丢包及纠纷损失的投入，按照邮政小包1%的丢包率来算，又可以得出：

销售价格=3＄÷（1−0.05−0.05−0.01）÷（1−0.15）=3.97＄

再保守点，销售价格=3＄÷（1−0.05−0.05−0.15−0.01）=4.05＄

得到销售价格后，我们需要考虑该产品是作为活动还是作为一般款来销售。假如作为活动款，那么，按照平台通常活动折扣要求40%来计算：

上架价格=销售价格÷（1−0.4），平时打40%折扣，活动时最高可以到50%。

作为一般款销售：上架价格=销售价格÷（1−0.3），平时打30%折扣。

建议折扣不低于15%，且不高于50%，因为根据平台大促的要求折扣过大容易有虚假折扣的嫌疑。根据速卖通官方的统计，折扣在30%左右是买家最钟情的折扣，属于合理预期范围。对于50%折扣的活动要求，基于以上定价的模式，基本上相当于平出。假如客户购买两个或两个以上，就可以盈利。

确定了主要的定价策略之后，卖家还可以通过网络平台或者软件来协助定价。

比如爆款易，它是Wish旗下的一个免费电子商务调研工具，可为卖家提供其所关心的国外数据，如产品热度、销量、价格等。eBay网上关于女鞋的销量趋势如图2-12所示。

图2-12 eBay网上关于女鞋的销量趋势

输入“shoes”它会自动为卖家搜索与之相关的所有品类，并用折线图的形式显示出近期销量的趋势和过去三个月的平均价格。不同女鞋的价格和运费情况如图2-13所示。

共搜索到105个商品　每页查看 10　输入关键词过滤商品

商品	名称	周销量(10.26 ~ 11.1)	总销量	价格	运费	物流方式	产品所在地	卖家名称
	Vera Bradley Slipper Booties	80	1480	$14.99	FREE	Economy Shipping	Roanoke, Indiana, United States	verabradley
	Women's Ballet Flats Patent Leather Ballerina Slippers Slip On Comfort Shoes New	74	2343	$9.99	FREE	Standard Shipping	Sylmar, California, United States	artofdeals
	Womens Ballet Flats Ankle Strap Suede Lined Ballerina Slippers Slip On Shoes New	63	2945	$9.99	FREE	Standard Shipping	Sylmar, California, United States	artofdeals

图2-13　不同女鞋的价格和运费情况

在销量分析页面，我们还可以看到该品类下热门产品的具体情况，如销量、价格等。我们可以导出这个表，并用数据分析工具分析得出如果我们想要达到一定的销量应制定的合理价格。

案例：敦煌网产品定价

网站简介：敦煌网是第一家整合在线交易和供应链服务的B2B电子商务网站，是协助中国广大的中小供应商向海外庞大的中小采购商直接供货的新生代网上批发交易平台，致力于打造一个完整的在线供应链体系，直接打通了中国上游中小制造企业和贸易商同国外无数中小采购商之间的贸易联系。

敦煌网整合信息流、物流、资金流、服务流、技术多方面服务，采用“为成功付费”的佣金模式。国内的中小企业可以直接通过敦煌网，将产品销售给海外庞大数量的中小采购商，使他们多了一条直接通向海外的在线销售渠道，相当程度上扩大了中小企业的盈利空间并提高其议价能力。对于海外广大的中小采购商来说，他们可以更便捷、更具经济效益、更有选择性地直接采购中国商品，从而有效提高了经营利润和市场竞争力。创新的模式和飞快的发展速度吸引了众多国内外顶级风险投资商的投资。

假如你买的是假发，但是不确定该如何设定关键词和价格，那你就可以搜索“virgin hair”，在搜索栏中敦煌网可以让产品按“最佳销量”“最佳好评”“最低价”等进行排序，那么卖家就可以对此进行观察，看看怎样设计的产品排名会靠前。卖家需要观察的点有很多，如排名靠前的产品主页面主要突出什么？它的关键词是什么？有没有打折或促销活动等。卖家可在假发的首页标出是否有优惠，如图2-14所示。

图2-14　在假发的首页标出是否有优惠

随机点开一个产品看看它的定价和销售策略，图2-15所示是敦煌网对产品折扣的销售策略和推广方式。

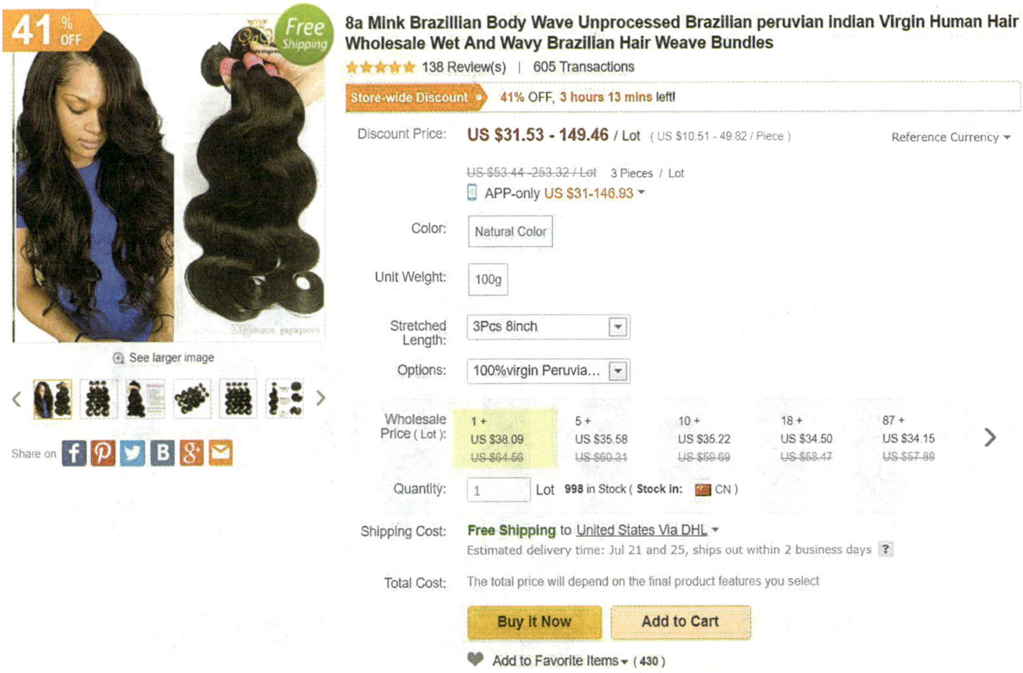

图2-15　敦煌网的销售策略和推广方式

三 店铺定位与选品

在进行产品选择时，先要考虑入驻的平台、店铺的定位，这样选择产品的相关性才能提高。

平台入驻前要思考：

(1) 规模(单人/团队/公司)。

(2) 行业 (行业优势)。

(3) 产品(产品类别)。

(4) 客户群(主要的市场)。

(5) 供应商(货源)。

(6) 价格(价格优势)。

(7) 质量(质量保证)。

(8) B2C/B2B (销售模式)。

作为一个专业的店铺，首先必须给自己一个合理的定位。

- 你所面临的顾客是什么样的人?
- 他们的兴趣爱好是什么?
- 他们对商品有什么样的需求?
- 他们对商品的心理价位是什么?

店铺定位准确之后，才能针对当前和潜在的顾客需求开展适当的营销活动。店铺定位是针对商品展开的，其核心是要指向商品受众的；其次，要进一步进行网店商品定位，如商品价格定位、商品的品质定位等。你知道自己产品的价格定位是属于高档、中档，还是最低

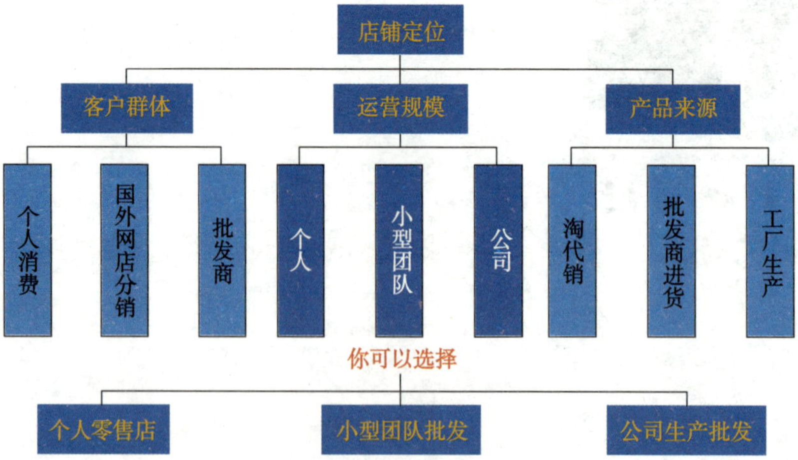

图2-16 店铺定位路径

价格吗？不同的价格定位，就要选择不同质地的产品。不同质地的产品就会适合不同的消费人群，这一点十分关键。以速卖通为例，店铺定位路径及示例如图2-16、图2-17所示。

个人零售店

- 运营人数：自己
- 客户群体：个人消费者
- 产品定位：低利润引流款，适中利润主推款
- 产品来源：淘代销，批货商进货
- 产品款式：热销款，实用款
- 物　　流：小包
- 操作模式：兼职

小型团队批发

- 运营人数：3~5
- 客户群体：个人消费者，国外分销
- 产品定位：低利润引流款，适中利润主推款，品牌化
- 产品来源：淘代销，批货商进货，工厂制定
- 产品款式：热销款，实用款
- 物　　流：小包，商业快递
- 服　　务：专业/及时
- 操作模式：全职

公司生产批发

- 运营人数：5~20
- 客户群体：个人消费者，国外分销，批发，OEM（Original Equipment Mconufaturer，原始设备制造商）
- 产品定位：低利润引流款，适中利润主推款，高端产品，品牌化
- 产品来源：自我研发，加工生产
- 产品款式：热销款，实用款，高品质，独特，唯一
- 物　　流：小包，商业快递，专线
- 服　　务：专业，统一，及时
- 操作模式：团队协作

图2-17　店铺定位示例

产品定位：

（1）杂货：产品涵盖面广，流量大，但是产品黏度小，不容易留住回头客。

（2）品牌/专业化：客户更倾向于从专业化的店铺购买产品；有自己的特色，适合走长久路线；行业小二主推专业店铺。

选品时应注意的地方：

（1）避免敏感类物品（如液体、电池、侵权、仿牌等）。

（2）选较易包装的。

（3）选适合长途运输的（不易损坏）。

（4）选有合适供应商的。

案例:速卖通平台定价与选品

跨境主要类目优劣分析:

(1) 女装的优势是畅销,市场需求量大;劣势是竞争大,季节分明,尺码不合容易产生纠纷。

(2) 饰品的优势是不分季节,款式多,价格低廉;劣势是单件利润低,靠走量赚钱。

(3) 3C的优势是利润可观,市场需求量较大,相对于海外的高价格,消费者更喜欢中国的价格;劣势是专业知识要求较高。

速卖通数据纵横选品途径如图2-18所示。

图2-18　速卖通数据纵横选品途径

(1) 定价技巧。定价时需考虑的成本包括:平台8%成交费、物流费用、商品成本、包装耗材。

新品可以根据不同的情况采用高价定价法、渗透定价法和中价定价法。

① 对于一些市场寿命周期短,花色、款式翻新较快的时尚产品,一般可以采用高价定价。

② 对于一些有较大市场潜力、能够从多销中获得利润的产品,可以采用渗透定价方法。这种方法有意把新产品的价格定得很低,必要时甚至可以亏本出售,以多销产品达到渗透市场、迅速扩大市场占有率的目的。

③ 对一些经营较稳定的大卖家可以选择中价定价。这种办法是以价格稳定和预期销售额的稳定增长为目标,力求将价格定在一个适中的水平上。

对于老款或即将淘汰的产品,一般采用将产品价格定得低于同类产品的策略,以排斥竞争者,维持销售额的稳定或进一步增长。

注意：降价时要千万小心，以免引起价格战，最终导致店铺亏损。

小贴士

同价定价法：把一些价格类似的产品定为同样的价格销售。可以在店铺中设立10元专区、50元专区、赠品专区等分类，这样的商品目录很清晰，便于顾客选择。

数字定价法：带有弧形线条的数字，如5、8、0、3、6容易被顾客接受，而1、4、7这种不带弧形线条的数字就不太受欢迎。

包邮：邮费高于商品的售价最不容易被买家接受；可以把邮费算到成本里，由卖家承担运费。

（2）在选定产品之后还要对产品进行分组。

① 创建子分组。

操作步骤：登录到“我的速卖通”，在“产品管理”中的“产品分组”点击“新建分组”，如图2-19所示。

图2-19 创建子分组

② 对分组进行排序。

操作步骤：按住红色区域的十字箭头，然后拖动到你想要的位置，即可对分组进行排序，如图2-20所示。

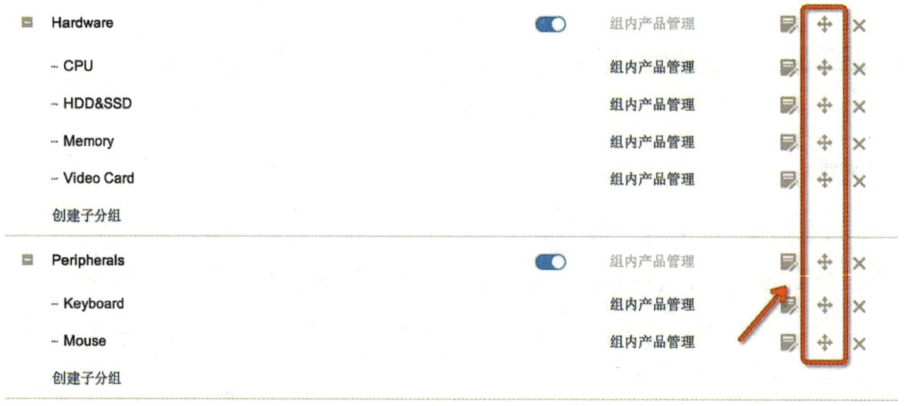

图2-20　分组排序

注意事项

- 子分组只能在该父分组下面进行排序，不能拖动到其他的父分组下面。
- 父分组只能与父分组进行排序，不能拖动到某个父分组内部成为它的子分组。

③ 按自定义规则分组。

操作步骤：单击“新建分组”右侧的“按自定义规则分组”，如图2-21所示。

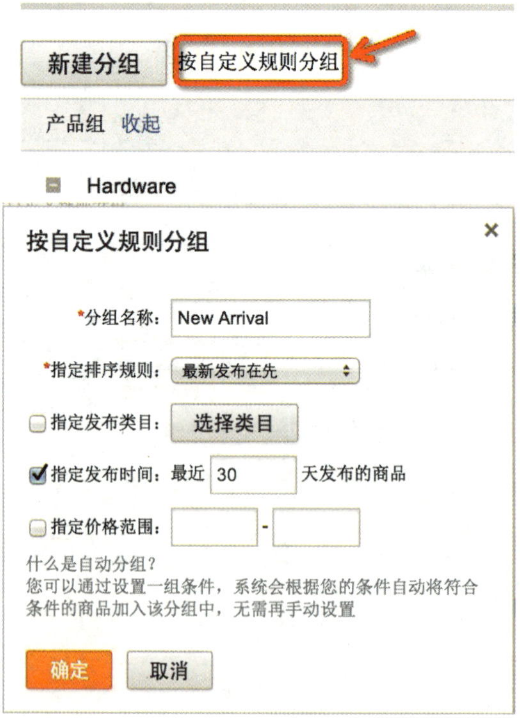

图2-21　选择分组规则

注意事项

界面上的发布类目、发布时间和价格范围至少需要勾选一项才能够提交成功。

(3)“商铺默认展开分组”功能有什么用?

通过商铺默认展开分组功能,你可以指定这个分组在买家浏览你的商铺时,是默认展开还是默认收缩。如果你的分组较多,又全部默认展开的话,会影响买家的浏览体验,建议你把重要的分组默认展开,次要的分组默认收缩。

(4)创建分组有何限制?

正常的产品分组最多允许创建10个,每个产品分组下可以再最多创建10个子分组。

按自定义规则的分组最多允许创建5个,自定义规则分组下无法创建子分组。

(5)对“图片银行”进行管理。

详细描述的图片目前可以上传5M以内的图片,尺寸大小在图片存储时系统会经过长宽等比压缩,同时不会影响图片质量,不过建议上传的图片不要超过1000px×1200px。

一张5M的图片,最终占用“图片银行”的空间不会很大,大约在200K。可以把图片银行有效利用起来,在图片银行里给产品编号,跟上传产品的编号一致,仿照产品分组分门别类,要用的时候可直接从图片银行选取。如果重复上传的产品从电脑直接选取图片,会重复占据图片银行空间;而且每类产品混合在一起,不方便管理。

第6节 确定策略和方法

如果前五步都执行到位了,那大概的策略和方法就已经很清楚了,接下来只需要将它们梳理清楚,落实到纸面,形成方案即可。根据产品的定位不同,再加上我们在Google和社交等区域里找到对于产品用户群体的研究,就可以确定自己的产品适合于哪种营销方式。

例如,如果产品定位饰品,且单价比较高,那么可以用社交媒体Facebook、Pinterest来开发客户与推广;如果产品定位大型器械、专业型设备,那么可以考虑用Google搜索和LinkedIn来寻找专业公司进行推广与销售。至于如何制订自己的营销计划,可以先通过定量来做,如我们的策略是计划在Facebook和Pinterest上推广,则需要先每日定量发多少帖子,发多少图。后期根据量来制订任务。

一 发布时间

除了选定合适的网站，什么时候更新发布新产品同样是十分重要的。对海外客户的消费习惯进行分析十分有助于我们方案策略的制定。

网购习惯的基本流程：找产品—浏览产品 + 与seller沟通—下单付款—与seller沟通+跟踪订单与收货—售后服务。

(1)了解买家上线购物时间。

(2)了解买家群体的年龄层次和类别。

(3)了解买家群体的构成和特征。

产品最佳上传时间：一天内间隔平均时间发布产品，然后观察哪些时间是卖出商品的高峰，就可以大概统计出买家上线的集中时间。

产品更新频率：尽量每天优化或上传。

二 分析客户类型

买家群体主要分为三大类：中间商、公司采购、个人消费者。

(1) 中间商：包括批发商、O2O(兼备线上与线下的零售商)、向厂商直接进货的零售商(不经批发商)、卖家(零售商)。

① 批发商、O2O(兼备线上与线下的零售商)：主要进行购买以后再销售，进货的量比较大，行业的跨度也很大。

② 向厂商直接进货的零售商(不经批发商)、卖家(零售商)：直接面对最终消费者，进货的量不大，基本都是单品，但是购买的频率较高。

(2) 公司采购：主要是为公司需求而采购的，并不再销售，进货的量会比较大。

(3) 个人消费者：购买的基本都是单品，在出售商品时，应确定商品所面对的个人消费者是什么类型，因为每种商品面对的可能是一类人。例如，销售厨房用品，面对的客户群应该是家庭主妇，而如果在目标客户所在国家时间17:30左右发布，则可能大部分的主妇在为家人准备晚餐而无暇上线。

第7节 执行效果监控与分析

将跨境营销目标细化可以提高我们的执行力。卖家若想保证最终的效果还需要一项工作，即执行效果的监控与评测。

1. 建立合理的营销目标

合理的营销目标主要是根据目标成本来建立的。我们可以根据以往的经验数据、实际测试数据、传统渠道的对比数据、同行数据、行业调查数据等来计算目标成本。

2. 监控数据

对于数据监控，一是要选择好的监控工具，如对于网站的流量统计，就可以选择CNZZ网景统计、量子统计等；二是建立详细的数据监测表，如图2-22所示。

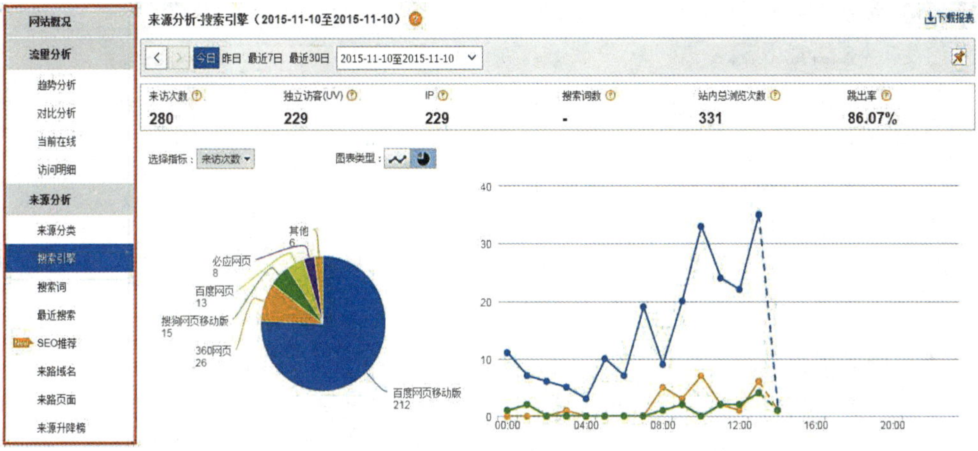

图2-22　CNZZ网景统计

3. 可根据需要选择分类统计的标准

通过输入关键字可以知道它的搜索来源（图2-23），这样卖家可以了解到买家大部分是通过什么渠道来到店铺的。将这些渠道与之前的推广方案对应，这样就可以看出设计的方案是否有效。

今日 昨日 最近7日 最近30日 2015-11-10至2015-11-10

来访次数	百度	360搜索	搜狗	谷歌	其他
282	226	27	17	0	11

查看：搜索词

显示：按引擎　按指标　输入搜索词　搜索　高级搜索及筛选

序号	搜索词	来访次数	百度	360搜索	搜狗	谷歌	其他
	全站总计	282	226	27	17	0	11
1	无法解码:KA2kylt1Vs ...	4	4	0	0	0	0
2	惠州至泰和火车	3	3	0	0	0	0
3	2015年火车列车时刻表	3	0	0	3	0	0
4	无法解码:b54eCACilb ...	3	3	0	0	0	0
5	无法解码:a2hG2UuXu+ ...	3	3	0	0	0	0
6	泰安到桂林卧铺价格	3	3	0	0	0	0
7	南平到安康	2	2	0	0	0	0
8	无法解码:sFRO8vM+RG ...	2	2	0	0	0	0

图2-23　搜索来源统计

在每日的SEO推荐中，我们可以观察到搜索热度飙升的是哪些词，如图2-24所示。也许这些词语与我们的产品并没有太大的关系，但是在之后的站外推广中，我们可以掌握现在广大群众所关心的点是什么，从而有助于我们进入社区和大家进行讨论，拓展业务。

图2-24　关键热度

4. 计算用户价值

计算出每获取到一个用户的价值是多少，这样在做营销活动时就有了数据依托，目标才能更明确。

5. 计算渠道成本

渠道成本主要是指渠道的投入产出比（ROI），毕竟效果才是我们追求的最终目标。投入产出比的计算公式是“毛利/投入费用”。在具体操作时要注意，不要只看数据，还要注意区分新老客户，在新客户转化率的基础上追求投资回报率。对于相同类型的渠道网站，除了分别统计数据外，还可以进行合并统计，将这些网站视为一个大渠道。

小贴士 ▶ 营销的关键技巧

- 商品质量永远是关键。
- 商品包装不能懈怠。
- 自制上网时间统计表。
- 采用附赠礼品的营销手段。
- 销售旺季在圣诞。
- 通过关键字搜索物品。

第3章

跨境营销的方法

第1节 SEO搜索优化

一 SEO基础

SEO(Search Engine Optimization)即搜索引擎优化,是指从自然搜索结果获得网站流量的技术和过程,是在了解搜索引擎自然排名机制的基础上,对网站进行内部及外部的调整优化,改进网站在搜索引擎中的关键词自然排名,获得更多流量,从而达成网站销售和品牌建设的目标及用途。

在SEO中经常提到的就是"搜索引擎规则"和"搜索引擎算法"。洞悉了搜索引擎的规则和算法,就可以提升网站在搜索引擎中的排名,从而带来巨大的流量。

搜索引擎的目的是"为用户提供最精准的优质内容",所以搜索引擎所谓的规则和算法,也一定是围绕这个核心思想去设计的。

二 SEO整体的实施

SEO整体的实施过程包括关键词优化、网站结构优化、内容优化、效果追踪与分析、数据监测与优化五个环节。

1. 关键词优化

想要给网站带来源源不断的流量,那么我们就一定要敲定网站的主题,也就是我们要给网站一个明确定位。这个定位一般是通过对行业用户需求分析的最大量化而决定的。通过行业用户热门需求,了解当下行业用户群体的主要针对方向,就能够找到网站的主题定位,以此来确定网站要优化的关键词。

2. 网站结构优化

网站布局同样是根据前期我们对该行业的用户主需求分析而确定的,一般来说要找到用户群体,将数据结合用户心理进行逻辑推理,使网站版块布局尽量做到简单明了,一目了然。

通常的做法是根据用户的需求，按栏目内容建立子目录，并且尽量使用意义明确的目录名称，比如Image，Css，Js，Post，BBS等等，但是注意不要使用中文名称，尤其是针对英文的SEO优化更不应该使用中文目录，目录名称也不宜太过冗长，URL应该越短越好。目录结构不要太深，三级足够。并且所有的链接应该能够做到相互回环，使得搜索引擎只要抓取了一个页面，就可以顺着这个页面抓取更多乃至整个站点的所有页面。

在网站内容设计上，可以分列于不同目录页面，针对不同问题进行专业解答，给用户带来VIP式感受，能够为网站带来忠实用户，提升网站黏度。

3. 内容优化

（1）关键词的精准度（从产品入手、从口语入手、从别名入手、从地域入手、从品牌入手、从人群相关词入手、深度扩展、广度拓展、考虑英文词）。

（2）引导页：网站页面要专业（风格大气、尽量不要有音乐和幼稚元素）、网站内容要注重、联系方式要详细、重点突出合法性、背景介绍要突出、用户见证（多用文字、视频、图像等将我们的用户充分展示，最好能让用户现身说法）、零风险策略（对于没有风险的事情，用户一定愿意尝试，如包邮包退等）、用户答疑（可将典型问题做成一个栏目供新用户参考）。

4. 效果追踪与分析

搜集用户线索与跟进主要搜索那些没有直接成为我们的用户，但具有意向的潜在用户线索，通过页面引导他们留下联系方式等资料，日后，再通过EDM、促销活动等促使他们产生交易。

5. 数据监测与优化

建立更细致、更科学的数据监测体系，在有了数据的基础上，我们才可以进一步地进行渠道优化。

（1）利用数据信息，做好网站微调。一成不变的网站是注定不能够获得长期稳定排名的，这也就是我们要定期做好网站微调的原因所在。根据不同时期的用户最大需求进行合理调整，才能够稳定网站排名。

（2）整合网站数据，进行网站微调。通过进入网站用户的点击数据和停留时间我们可以分析出行业用户的当前需求，根据这个综合性数据我们可以将热门需求进行位置提升，做好重要性排列，以应对用户查询。

三 SEO的作弊与惩罚

1. 作弊（黑帽）和降权常用手段

关键词堆砌、链接农场、大量重定向、链接买卖、隐形页面、隐藏文字/链接、桥页与站群。

网站降权可分为：整站降权（初始降权、不完全降权、完全降权）、局部降权（内页降权、栏目降权）。

网站被降权的表现：收录下降、site首页不在第一位、关键词排名大幅度下降或消失、快照更新停滞、首页快照消失。

网站降权原因：过度优化导致的降权、RANK值与站点等级不匹配等等。

2. 降权后的处理

（1）继续原创内容，其实网站被惩罚是有个过程的，一般会让你的网站的关键词进入沙盒，再者就是删除首页，更严重的就是给你的网站“拔毛”。但不管如何，网站首页被降权了，一定要给网站添加新的血液，这个就是网站的原创内容。我们在网站首页被降权后，一定要多给网站添加原创的文章，让搜索引擎尽快审核你的网站，从而使网站得到恢复。因为网站被降权了，基本上没有了流量，所以搜索引擎很难从流量方面来判断网站的好坏，这时就只能靠网站自身的原创内容提供正面信号，让搜索引擎觉得你的网站是高质量的，从而给予你改过的机会。

（2）网站首页被降权，可以先整改自身的错误，然后通过网站投诉中心把问题进行反馈，让网站客服人工审核你的网站，从而快速恢复你的网站。

（3）合理外链。不能因为网站首页被降权了，就疯狂添加外链进行补充，这个是不可取的。我们只要按照以往的做法，循序渐进地给网站添加外链，一来是方便引导蜘蛛的爬取；二来是为了获得一些权重的传递，让搜索引擎尽快恢复你的网站。

（4）检查网站是否使用了H1标签，除博客外任何网站尽量避免使用H1标签，如果网站被降权，则去掉H1标签。

（5）检查是否有不良友情链接，检查这些链接的页面链接都是什么地方的、IP是什么、这个IP是否被处罚过。

（6）检查网站是否使用过Alt，特别是LOGO上面是否使用了关键字的Alt标签，如果有，则去掉。

（7）检查网站内容是否被大网站转载但未注明出处，有时候并不是因为内容重复而降权，而是因为搜索网站认为此文是你转载了大网站而降权。

（8）检查网站是否有JS木马、弹窗、后门、黑帽等。

（9）网站被K了之后，还可以在robots.txt中对爬虫进行屏蔽，这样的好处在于：第一，不会影响其他人；第二，有利于恢复收录。

第2节 SEM搜索引擎营销

一 SEM

SEM(Search Engine Marketing)是一种新的网络营销模式。SEM所做的就是全面而有效地利用搜索引擎来进行网络营销和推广。它追求最好的性价化,以最小的投入,获得最大的来自搜索引擎的访问量,并产生商业价值。

二 SEM的主要的手段

(1) SEO 搜索优化(请参见第3章第1节内容)。

(2) 竞价排名。按点击付费,推广信息将出现在搜索结果中(一般是靠前的位置),如果没有被用户点击,则不收取推广费。用少量的投入就可以给企业带来大量潜在客户,有效提升企业销售额和品牌知名度。竞价排名按照给企业带来的潜在客户访问数量计费,企业可以灵活控制网络推广投入,获得最大回报。

竞价排名的优点:

① 见效快。充值后设置关键词价格后即刻就可以进入。

② 关键词数量无限制。可以在后台设置无数的关键词进行推广,数量自己控制,没有任何限制。

③ 关键词不分难易程度。不论多么热门的关键词,只要你想做,你都可以进入前三甚至第一。

(3) 站外辅助优化。先选定我们要优化的词,并围绕这个词撰写文章、信息等,然后将这些信息发布到权重高的网络平台。当用户搜索该关键词时,我们在站外发布的这些信息就有可能获得展示。在操作时,需要与其他方法配合使用。

第3节 社会化媒体营销

一 定义

社会化媒体营销，是利用社会化网络、在线社区、博客、百科或者其他互联网协作平台媒体来进行营销，是公共关系和客户服务维护开拓的一种方式。

二 特点

社会化媒体营销具有增加企业的网络曝光量，增加网站流量和注册用户，吸引更多业务合作伙伴，提升搜索排名，带来高质量的销售机会，减少整体营销预算投入，促进具体业务成交的特点。

三 社会化营销策略

1. 精准定位

不同的社交平台有着不同的用户群特征，企业第一步就要根据自身定位和客户群特征来判断和选择适合企业的社交平台，即客户群体在哪里，企业就应该在哪里。

2. 全面的策略

账号矩阵的建立、内容的规划、互动反馈机制的建立以及危机公关等，都需要企业进行详细的分析规划。建立全面的营销策略，并长期地维护下去，一定会为企业带来价值。

3. 数据监测和报告

企业需要有一套监控机制来服务，找到关心的问题和相关人物。同时，定期的报告和总结也是推动企业社会化营销的关键，互联网上的信息千变万化，企业的营销策略也应该与之相适应。

四 社会化媒体营销策划案例

如何在俄罗斯市场上进行社会媒体营销？

首先，俄罗斯国土面积大，人口多，横跨9个时区，因此在这个国家做物流是比较困难的,或者说联系起来不太方便。根据俄罗斯联邦海关总署2013年统计的对中国进出口贸易数据,如图3-1所示,主要的热销产品是服装、鞋帽、纺织品和电子产品等。可以看出,俄罗斯的民生用品高度依赖从中国进口,因为他们了解到,中国出口到俄罗斯的产品不仅便宜而且选择多样,所以非常愿意花时间等待。

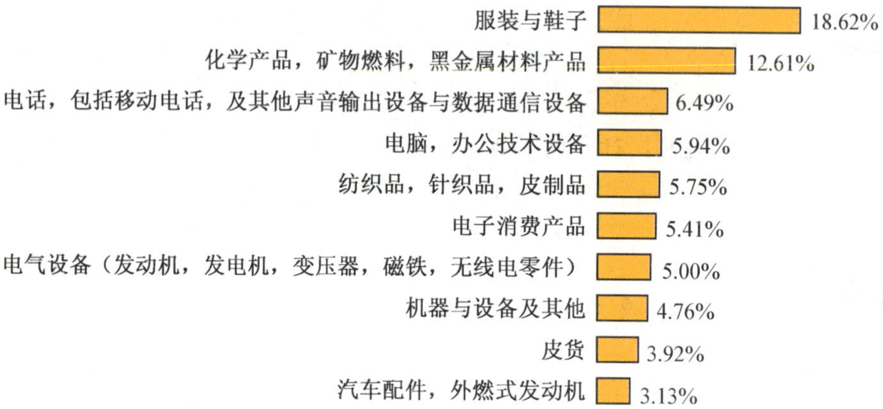

图3-1　中国出口至俄罗斯热销产品品类

俄罗斯在2000～2016年增长最快的是互联网广告,比例从0%升至29%,而下降最快的则是平面媒体,几乎没有人再使用报纸和杂志,则这个比例大幅度降低,如图3-2所示。由此可见,如果想在俄罗斯做广告投放、做品牌推广,最重要的两个媒体就是互联网和电视。

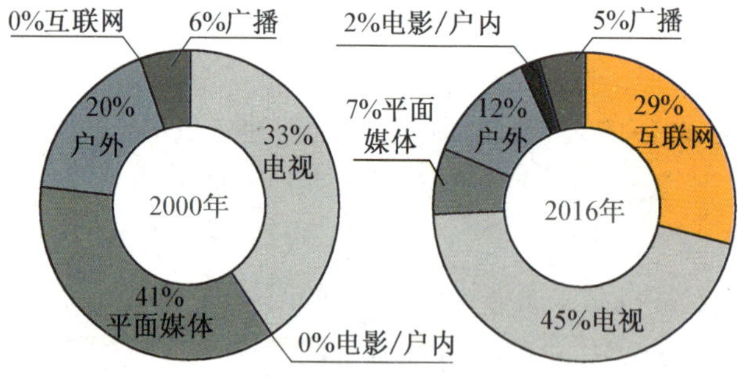

图3-2　2000年和2016年俄罗斯广告市场份额的变化

五　社会化媒体营销效果评估

1. 曝光次数

曝光次数指总体发布量、阅读数量(点击数量)、转载数量、回复数量等常规内容数据。

流量是一个最直接、最明显的评估社会化媒体营销活动的方法。但是同时我们也应该清楚质量往往比数量更重要，要根据情况而定。

2. 广告当量

总结统计出每次campaign（营销活动）中加精华、加置顶的内容的总量，可以折合成对应的传播网站对外报价的费用，并得出此次campaign附加价值。

3. 单人点击成本（CPC）

CPC（Cost Per Click）是网络中最常见的一种广告形式，意思就是每次点击付费广告，当用户点击某个网站上的CPC广告后，这个站的站长就会获得相应的收入。

4. 互动性

在一次campaign中，对比前后用户的使用、关注、参与的数据，得出转化率数据。在目前碎片化、数字化的媒体营销中，我们更看重的是互动性这个指标。它可以从侧面反映出流量情况，因此参与互动的用户具有很高的营销价值。

5. 第三方数据

在一次campaign实施前后，对比Google趋势等数据，或者委托第三方调研公司，调查品牌或者产品的知名度及美誉度变化情况。通过口碑传播也将快速推广品牌形象。

6. 销售

Google关键字点一下，收多少钱，是由多个ROI来衡量的，而销售额和成交率才是衡量社会化媒体营销的主要依据。

7. 搜索引擎营销（SEO）

搜索引擎营销模式会有些被动，即使在搜索引擎中有很好的排名，还是需要用户在其搜索相应的词时才能看到想找的产品。但是这种营销转化率高，因为只有有需求的用户才会搜索访问该网站，只要该站点提供有价值的内容，社会化媒体营销目的就达到了。

8. 客户参与性/保存率

积极保持与客户的沟通与联系，通过和他们的联系来了解当前营销策略的优劣。

第4节 移动媒体营销

跨境电子商务的营销阵地向移动端大举迁移，这源于移动端在带来的用户质量、购买能力、频次，以及新用户获得成本等方面优势明显。简单来说，移动端是离用户最近的地方，离用户近的地方也正是促进用户价值转化的关键之处。在移动端众多的营销推广平台及传播渠道中，以Wish为代表的移动B2C跨境电子商务平台正成为跨境电子商务移动营销新的关注点。

一 营销技巧

跨境电子商务正处于从PC端到移动端迁徙的时代，移动端是最接近客户的一端，可以与用户有良好的互动性。卖家可以选择当下热门的话题、段子结合自己的产品在Facebook订阅号、Twitter上发布话题供人们进行讨论。此外，我们还可以对当下大品牌，如amazon、速卖通进行跟进，从他们发布的热门话题和网民的讨论中寻找当下热门的话题。由于手机App现在有快速地为用户提供购买支付功能，移动端应该注意用清楚明了的图标或链接引导用户快速付款，以免用户在等待的过程中放弃或推迟购买。其主要的营销技巧包括：

（1）创造超越用户期望或意想不到的产品体验效果。

（2）激发大家的参与感、群族感。

（3）给予用户意想不到的惊喜。

（4）创造新奇且充满趣味的营销活动。

（5）创造故事话题，或制造出戏剧性的事件。

二 案例分析

在Wish上如何进行移动媒体营销

1. Wish平台介绍

2011年9月，Wish的母公司ContextLogic在美国硅谷注册成立。ContextLogic希望通过机器学习和自然语言处理技术处理信息，从而提高广告与内容页的相关性。ContextLogic希望将该技术应用到谷歌之外，如Facebook的用户主页、Twitter的微博内容等领域。后来，ContextLogic推出Wish，模式类似图片社交。2013年3月，Wish加入商品交易系统，正式踏入电子商务领域。一段时间过后，Wish将业务转型到跨境电子商务，并取得非常大的成功。2013年，转型不到一年的Wish，其平台交易额就达到1亿美元。

2014年，为了进一步拓展中国供应商资源，Wish在上海成立了办事处，并大举进行招商活动。虽然Wish未公布2014年的业绩，但估计其交易额至少有4亿美元。可以看出，Wish的跨境电子商务业务处于高速发展时期。2015年，Wish进行“自我革命”，先上线了科技电子产品类Geek App和母婴类Mama App，后又推出专门针对“女性经济”的化妆美容类商品的垂直应用Cute。

2. 知名Wish上的卖家经验

注册Wish账户其实很简单，准备一个身份证，一个手机号码就可以了。现在开通账户，只要是按照Wish的要求去提交文件，很快就能注册好账户。

因为Wish主要是针对欧美的销售平台，所以产品主要还是找一些欧美客户喜欢的东西。开发产品主要集中在3个途径：看eBay、amazon上热销的产品；多看一些时下热门的美剧、电影和流行杂志；认识一些国外的朋友，和他们聊一聊国外的流行趋势、社会热点。现在的热销产品主要集中在Wish主推的产品上，具体的品类是服装类目下的快时尚男女装、饰品，还有正在全力开发的3C和家居产品。

现在Wish对产品的审核异常严格，所以建议最好是自己拍图，像素800×800的JPG格式最好，与侵权有关的产品一律不要尝试上架。

由于Wish所针对的用户来自移动端，所以在Facebook、Twitter上的推广是必不可少的。使用这些社交工具的大多是年轻人群，卖家就要根据国外年轻人的特性进行推广。例如，他们喜欢设计新颖的东西；会想要购买受欢迎的美剧、英剧里的角色所穿的服饰和一些典型物品；更容易受论坛微博发布新闻的影响等。一些手机配件，如手机壳或者智能穿戴，现在这个品类也慢慢丰富起来了。店铺SKU（Stock Keeping Unit）大概在500左右，产品更新换代特别快，要一直精简SKU，再做减法，不要库存积压得太多，占用太多资金。

当然，我们不可能每次选品都能选对，那么对于囤货下来滞销的，如何拿捏每次订货的量和款式等问题呢？一般当地，如在深圳本地是备3～5天的库存，外地的话就要备一周或一周以上的库存。关于囤货滞销的问题，一般新的产品我们采购得比较少，但也要看产品的价值和运输的时效来进行选购。

卖不出去的，我们可能在其他平台进行销售，如在eBay上进行拍卖等。现在除了Wish平台之外，其他平台也慢慢开始做了。amazon现在有做，但是量不是很大。

Wish其实有很多促销活动的，他们在Facebook上的营销做得很好。之前有个促销的活动，如果你在Facebook上推荐3位你的好友注册成为Wish的用户，你就可以免费得到7～10美元的优惠券。当卖家得知Wish将利用这些平台进行推广时，店铺可以利用这个机会进行“打折”“清仓”等活动来促使“只是来看看”的买家购买产品，从而提升店铺的口碑和产品的转化率。与此同时，店铺同样可以推出“向自己的朋友推荐本店铺就可以获得8折优惠”等活动来吸引更多的买家。

第4章 跨境平台站内优化

如何让用户在海量的卖家铺货中找到要购买的产品，是营销的重要目标。目前，用户通过页面的搜索栏输入关键词是站内搜索的主要方式，买家通过搜索找到合心的东西，使产品得到曝光并进行有效的转化。

第1节 做好产品优化

一 标题和关键词

若卖家在刚开始时没有什么头绪的话，可以去平台搜索同类产品，每种产品挑出销量前几页的，记下它们的标题和关键词。再总结出最优秀的产品标题和关键词，将选出来的关键词进行搜索测试，看能搜索出多少个相关产品，就可以看出这些关键词的热度了。

二 详细描述

对于产品详细描述的问题，要抓住几个关键点，即“简洁、清晰、专业”。详细描述一般不需要太多优美的修饰，国内的产品描述喜欢长篇大论，但外国人喜欢简单清晰，只要我们把产品特征表达清楚就可以了。首先要求图片清晰，图片并不需要太多，产品细节需展示清楚；其次是排版要专业；最后，把物流问题阐述清楚，把商家承诺、保修服务等一起放在模板里面。

产品描述文案的构想和表达也很重要，除了基本特征，产品优势也要有描述。描述产品时，不要从卖家的角度出发，应该从买家的角度出发，换位思考一下，关于产品的颜色、尺寸、大小等属性要描述清楚。如果描述跟产品有误差，买家在收到货后发现跟描述不符，容易引起纠纷,所以在描述时要尽量如实描述。标题方面,选择能吸引买家的字眼,不要啰嗦,最好能简短有力地表达产品的基本属性。

三 定价

如果是新店铺,在前期没有销量和信誉积分,并且排名不靠前的情况下,可以通过低价去吸引顾客。价格降低,转化率会有所提升,进而销量也会提高。但也不能持续低价,低价只会扰乱市场,也对自己店铺的发展不利。正常情况下的产品价格由产品成本、运费成本与产品毛利率构成。

新店铺也可以通过部分热卖的产品低价促销来引流和提升转化率,这类产品的选择最好跟店铺主营产品的相关度高。

四 运费

我们要根据自己的产品去找到合适的物流渠道。若产品体积较小且价值较低,我们可以选择中邮小包,中邮小包通关率最高且有较高的性价比,因此能够为商家降低很大一部分的运费成本。若产品体积较大且价值较高,我们可以选择商业快递(DHL、UPS、TNT、Fedex等),商业快递的运输速度快且丢包率低,因此对卖家的产品运输有更好的保障。

根据不同平台的规则可以设置不同运费模式,速卖通、amazon可以设置免运费,根据订单小计金额的大小选择不同的物流方式。

第2节 分析排名下降

卖家的产品或者店铺排名的下降会直接影响到买家在搜索产品时所看到的产品位置,进而影响到产品的销量和店铺的信誉。排名是受店铺经营情况、产品销量、产品性价比及服务等多方面因素影响的。引起排名下降的主要因素如下:

(1)重复铺货。

(2)虚构交易,包括炒作信用和炒作商品销量。

(3)标题乱用关键词。

(4)错放类目和属性。

(5)商品邮费、价格严重不符。

(6)标题、图片、描述等不一致。

（7）商品DSR评分，最近30天销量，纠纷退款率。

（8）物流方式。

（9）服务质量。

第3节 使用好橱窗推荐位置

一 橱窗推荐

当买家选择搜索或者根据类目来搜索时，橱窗推荐宝贝就会出现在页面中。橱窗推荐位是通过搜索的方法让卖家的宝贝能有更多的浏览量及点击率。橱窗推荐位的数目是根据店铺等级来分配的。

二 如何利用好橱窗推荐

1. 抓住产品的排列规则

（1）有橱窗推荐的产品在速卖通中搜索会排名更靠前，在都有橱窗推荐的情况下，按产品离下架剩余时间的多少来排列。

（2）在都没有橱窗推荐的情况下，按照产品剩余时间的多少排列。具体是这样安排的：时间越短，排列越前。

2. 做好产品的视觉冲击

（1）选择最吸引人的产品进行推荐。首先，图片主体要突出，以勾起买家的欲望。

（2）标题要清晰明了、独具吸引力。

3. 选择合理的时间

抓住最佳时间推荐，推荐后不可更改，且合理地设置在售时间。

4. 留意身边的热门话题

可以择优选择热门标题和关键字。

第4节 视觉营销

视觉识别系统(Visual Identity System)已经比较普及,人们所感知的外部信息有83%是通过视觉通道到达人们的心智的。视觉是人们接受外部信息的最重要和最主要的通道。跨境电子商务运营商需要通过视觉营销打造自己的品牌,需要结合产品的属性和特质,标准化、系统化地去规划店铺。

(一) 店铺装修

色调的统一,其实是与风格相辅相成的。风格离不开色彩,色彩也离不开风格。选取什么样的颜色对风格影响的作用是很大的。因此,需要合理运用色彩,且一定要有一个主色调,其他颜色作辅助,切忌“面面俱到”。在挑选时,一是考虑网店产品的颜色,二是考虑网店风格视觉统一的要素,三是考虑拓展性。

一些常见的装修方案:大气简约派(适用于家具、灯具、服饰、鲜花等),娇艳多彩派(适用于时尚、运动产品、化妆品等),小公主派(适用于童装、内衣、化妆品等),酷黑帅气派(适用于稀奇古怪、时尚新潮产品等),复古原始派(适用于美食、木头雕塑品、布艺、家居等),乡村田园派(适用于鲜花、草帽、童装等),蓝透清新派(适用于洁具、小电器、生活小家具等);喜庆中国红(适用于年货、糖果、干果等)。

(二) 店铺产品栏目的设置

店铺产品栏目的设置一定要符合用户的检索习惯(要注意国外用户和国内用户检索习惯的不同),要避免浪费用户的时间,不要让用户在店铺中“迷路”,千万不要一味地追逐标新立异而忽视用户的习惯。

网店栏目的分类通常有以下几种方式:类别、产品特点、品牌、时间、价格、销售状况、活动、功能等。

(三) 产品展示页

用户第一次光顾一家店时,基本上都是先从产品页开始浏览的。而且用户最终能不能下单,很大程度上也取决于产品展示页的吸引力。

(四) 产品标题的设置

标题中的词汇应该符合用户的搜索习惯。关键词设置要精准简洁,在优化标题的同时也要兼顾到产品卖点的展示，这样才有利于提高产品的曝光量、点击量和转化率。

正确设置产品属性，如品牌名称、货号、材质、型号、颜色、尺寸等。

产品图片，应根据自己产品的特点，提前设计好适合产品的拍摄方案和风格；要充分考虑到美感、取景、构图等元素，尽量保证图片清晰、减少色差；要多方位地展示产品，并将卖点和特色展示出来。如果能用模特展示，效果会更好，通过真人展示的冲击力更强，顾客也会对产品更加信任。

完善店铺基本设置(图4–1至图4–3)的具体操作：

1. 分类

(1) 首字母应大写。

(2) 营销分类应放顶端。

(3) 要求子分类较多的可以收起。

(4) 分类尽量一行写完。

营销分类太长给人感觉不美观，累赘。

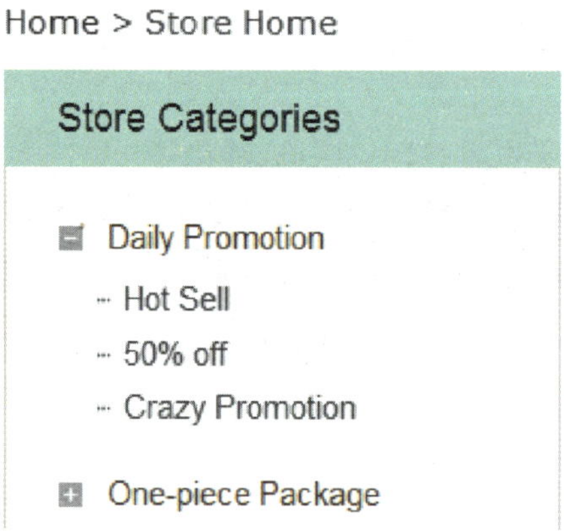

图4–1　店铺类目

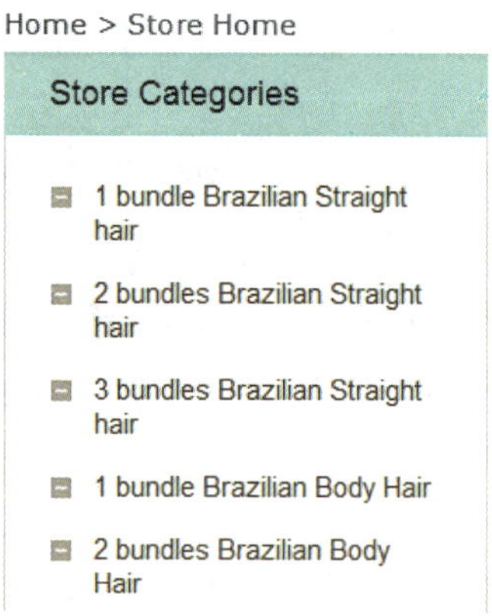

图4–2　产品类目

小贴士

■ 不要出现无分组的产品，无分组的产品会导致系统在你的分组里面增加一个额外的other分组。

■ 不要只注重促销，促销的分组比重不要过多，最好不要超过3个。

■ 不要将不相关的商品加在产品组里面。

■ 不要用买家不容易搞懂的专业信息进行分组。

■ 不要有过多的产品分组，尽可能将产品分组控制在20个以内，超过20个分组买家是无法记忆的。

2. 店铺名

选择店铺类型，确定重新修改一次后不能再修改，如图4-3所示。

您当前店铺类型是：[illegible]-官方店

您可以了解该店铺类型所享有的权益，并选择希望修改的店铺类型

◉官方店 ○专卖店 ○专营店

申请条件	申请资质	1. 品牌售卖授权数=1 ✔ 您当前品牌售卖授权数为1 2. 是该品牌的品牌拥有人 ✔ 您是该品牌的品牌拥有人 点击提交官方店/专卖店申请材料（或查询历史提交记录） 3. 店铺已完成企业认证 ✔ 您的店铺已完成企业认证 4. 该品牌是R标 ✖ 店铺被授权的品牌不是R标或品牌授权数不为1，如已是R标请联系客服咨询。 5. 商标应为英文商标 ✔ 该商标是英文商标
	变更频次	每30天仅可变更一次 ✔ 您的店铺在30天未变更过
店铺权益	二级域名	您当前店铺已有二级域名：[illegible]d.aliexpress.com
	店铺名称	您当前的店铺名称为buddery Official Store
	品牌官方直达	只有官方店有机会享有该项权益。查看什么是品牌官方直达

图4-3 修改店铺名

第5节 成功网站的站内营销

一 amazon

amazon站内营销，常见的有Promotion、PPC促销。

Promotion包括（共4种）：Free shipping（免运费）、Money off（折扣）、Buy one get one（买一送一）、External Benefits（额外赠品）。

JPEG、TIFF、GIF格式的图片可以在amazon上上传（推荐JPEG格式的图片，这个格式的图片上传时速度更快）。严格符合amazon要求，优质的图片是提高销量良好的保障。amazon图片要求如图4-4所示。

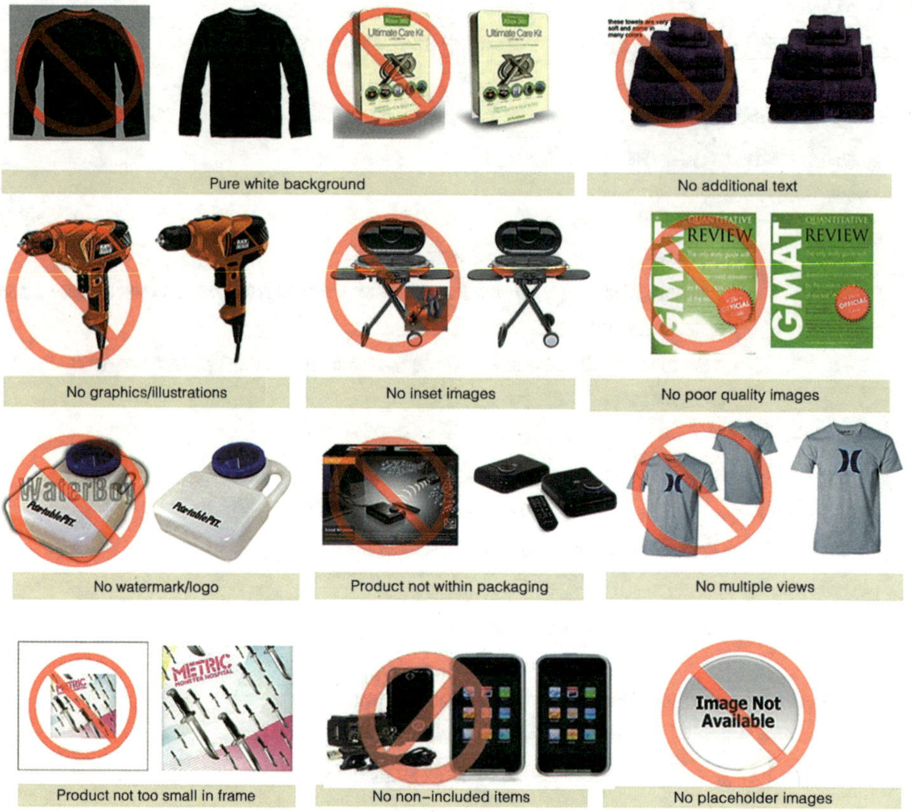

图4-4　amazon图片要求

促销方式：

1. PPC促销

PPC（Pay Per Click），“按效果付费”模式，亦被称作PFP(Pay-For-Performance：按业绩付费)，是目前广告市场中最具竞争力的广告计费模式之一（在Advertising—Campaign Manager设置即可）。免费促销方式如图4-5所示。

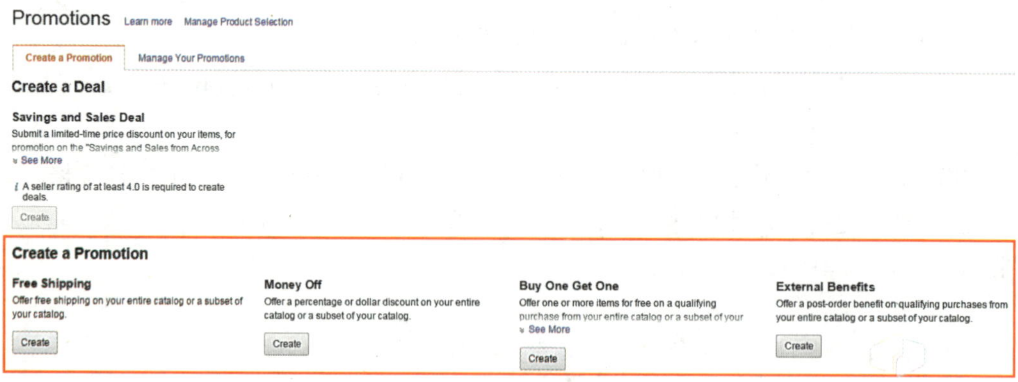

图4-5　免费促销方式

2. Listing:跟卖政策

如果A卖家创建了一个产品页，其他同款卖家看见后可以在上面添加一个按钮链接到自己的产品。这对新卖家来说是一个机会，可以分享到别人的流量，但容易引发价格战。任何在amazon平台上传的Listing归属权都归于amazon，不再属于上传该Listing的卖家，这和国内大部分电子商务平台规则不同。amazon平台认为同一款商品，商品的价格、图片等信息应该是相同的，没有必要出现同一款商品有很多页面的情况，唯一的区别就在于价格，所以amazon允许多个卖家使用同一个Listing。如果有很多卖家销售同一款商品，则amazon会根据卖家提供服务的品质结合卖家的销售价格向消费者推荐更有优势的卖家。

（1）跟卖。

① 跟卖的优势：不用自己描写产品信息，不用UPC，几秒钟就可以搞定；跟卖大流量的Listing，不仅可以迅速提升跟卖产品的销量，还可以带动店铺其他产品的销量。

② 跟卖的风险：容易被Listing所有者投诉侵权，会收到amazon警告信，强制下架该Listing，多次警告可能导致被封号或直接引发价格战，导致低利润。

③ 跟卖的建议：

确保自己的商品和跟卖的Listing描述完全一致，包括商品本身、包装、卖点、功能、描述等；否则，买家收到货如果发现任何与描述不一致的地方，都可以向amazon投诉。你所跟卖的卖家也可能对你的订单进行“test buy”，如果发现你的产品和他的描述不一致，也可以投诉。

跟卖时尽可能设置较低的价格，价格越低获得购物车的可能性越高，但抢夺购物车的权重不是绝对的。

去跟卖被跟卖比较多的Listing，如果一款产品的销量好又没人跟卖，极有可能是有品牌保护的，这个时候千万不要冒着侵权的风险去跟卖。

了解品牌是否被注册，可以在网上搜索或者去商标网站查看。

如果被投诉侵权要立刻取消跟卖，并且积极和对方沟通了解是否真实发生了侵权行为。

（2）自建Listing。如果你的产品不是标准化产品或者是你独有的品牌，就需要自建Listing。在制作Listing时，页面设计和文案要吸引人。Listing标题的写法，除了介词、连词、冠词外，每个单词的首字母要大写；能使用数字就使用数字而不是单词；不要包含类似“！￥*”这样的特殊符号；把一些测量值拼写出来而不是用符号代替；不要使用中文输入法输入内容；只包含商品本身的信息，不加入营销、物流性质的词；标题编写长度控制在每个特定类目的规定范围之内，标题中的单词避免拼写不规范或拼写错误；描述清楚产品信息，通过标题就可以让买家知道要购买什么商品。

（3）符合amazon平台以提升曝光量。

（4）做好Listing的保护。如果自建了Listing就要做好后期的维护和保护，以免其他卖家过多地来跟卖，导致被抢走客户和价格被打压而损失利润。

如何保护好Listing：注册自己的品牌并到amazon平台备案，完成备案后会得到GCID

码，拿到GCID码后再上传产品，就不需要UPC码了，可以节省一部分费用；商标备案，amazon官方的品牌申请说明brand registry。如果有品牌的商品被别人跟卖，可以与跟卖的卖家联系要求他们移除跟卖，或者直接向amazon seller support提出举报，amazon会警告跟卖卖家甚至关闭其账号。

3. Buy box

它的位置在每个商品页面的右上方，是买家浏览时最方便看见的黄金位置，只要买家单击“Add to cart”按钮就会把商品添加到购物车里。Buy box系统是通过计算卖家的综合素质来决定分配给哪个卖家的，其影响因素主要有：配送方式、最终价格、卖家评分、运输时间等。

得到Buy box必须满足的条件是：卖家是一个专业用户。

要提升获得Buy box的概率，应管理好物流，保障配送时间，建议选择FBA，降低订单缺陷率，制定一个有竞争力的价格，做一个优秀的卖家，在各个变量上做优化等。

二 eBay

（一）拍卖

卖家通过设定物品的起拍价及在线时间，开始拍卖物品，并以下线时的最高竞拍金额卖出，出价最高的买家即为该物品的中标者。而且，在搜索排序规则中，即将结束的拍卖物品还会在Ending soonest排序结果中获得较高的排名，得到更多的免费曝光机会。

适合拍卖方式的产品特点：明显区别于市场上常见的其他产品，并且有市场需求；库存少；非职业卖家，只是偶尔来销售产品；无法判断商品价值时，可以设置一个能接受的起拍价，市场最终决定价格。

（二）“拍卖”与“一口价”方式综合销售

可在选择“拍卖”方式时既设置低起拍价，又设置一个满意的“保底价”，这也就是“一口价”，让买家可根据自己需求灵活选择购买方式，这种贴心的设计不仅综合了“拍卖”方式和“一口价”方式的所有优势，还能给商品带来更多的商机。

“拍卖”与“一口价”方式综合销售特点：在销售很多种类物品时，希望同时吸引那些想要通过竞拍达成交易的人，和其他更倾向于选择方便的“一口价”交易的买家。希望尽可能扩大买家对库存商品的需求，并通过竞拍和“一口价”刊登方式来帮助竞拍者和买家了解其他销售物品或店铺。

1. 促销管理工具(Promotions Manager)

促销管理工具能最大程度地化繁为简，让卖家轻松呈现需推出的优惠促销活动，不仅可助卖家扩大订单，更能让买家享受更多优惠和折扣，体会物美价廉。促销管理工具中可创建多种优惠类型,还可根据目标更加灵活地实现促销策略。

(1) 扩大订单(Order discount)。用于促销整个店铺、一个物品分类或者一组物品。扩大订单是一种操作简单的促销方式,可为买家在购买多件物品(或在每笔交易中消费超过一定金额)时提供一定的金额或百分比的折扣,还可附赠赠品或以赠品加折扣的方式(如买一送一,再优惠50%)让买家购买多件物品。eBay促销如图4-6所示。

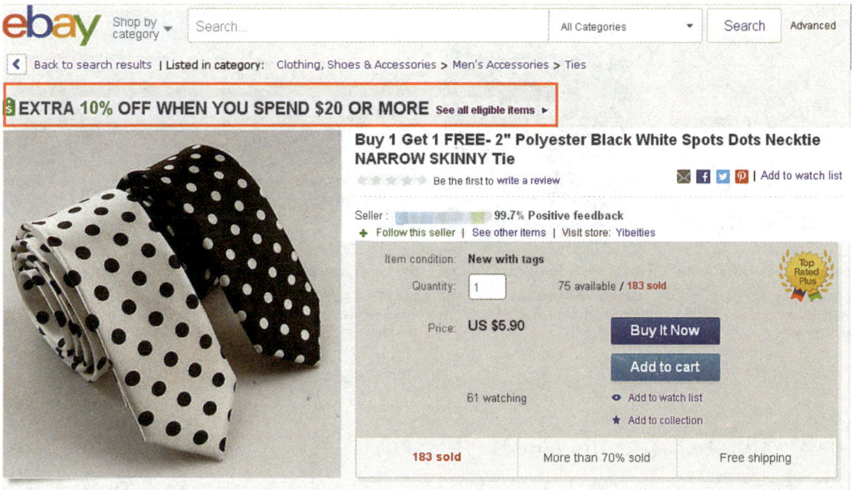

图4-6 eBay促销

(2) 优惠通道(Codeless coupon)。指通过优惠券吸引买家。优惠券可通过电子邮件以链接方式发送给买家,也可刊登到社交媒体网站和店铺等。优惠不会出现在自然搜索中,只有点击链接的买家才会看到,如图4-7所示。

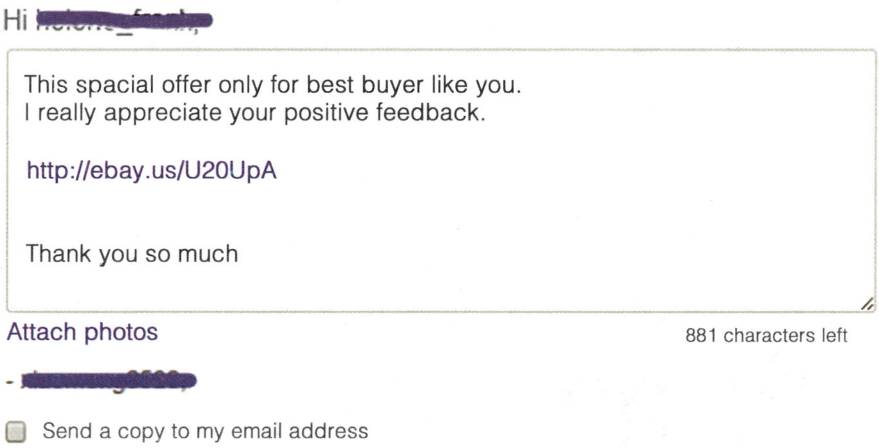

图4-7 优惠通道

(3) 降价活动(Sale event)。用于推广所有的打折物品,方便买家购买。可选择价格优惠的物品将其自动显示在打折页面,同时每件物品在主要的购物页面上都有链接,吸引买家访问此页面，可将通常会一起购买的产品或作为补充的产品进行分组促销，如图4-8所示。

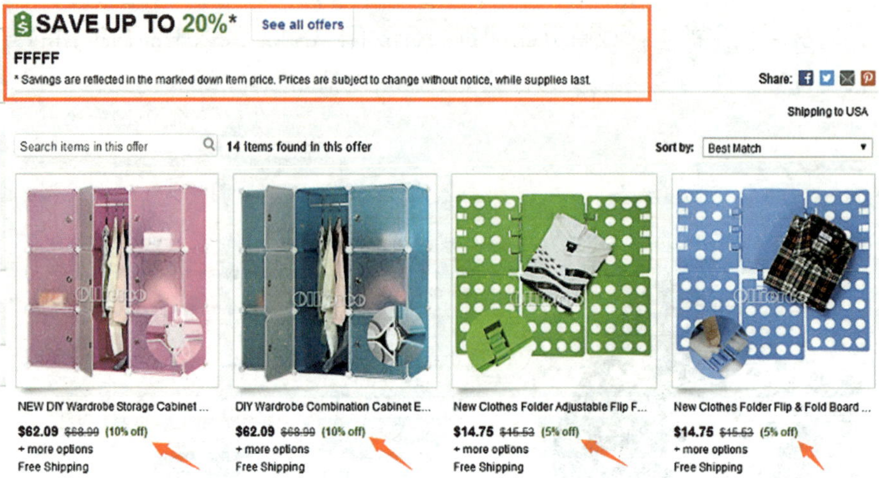

图4-8　eBay降价活动

（4）捆绑销售（Accessory discount）。用于激励买家购买经常会一起购买的特定物品。通过将相关的物品捆绑到一件主要物品上，关联物品优惠可在物品刊登中促销特定的SKU（如推荐特定相机的镜头，如图4-9所示）。只要买家购买主要产品，每种关联物品即可按不同百分比的折扣购买。

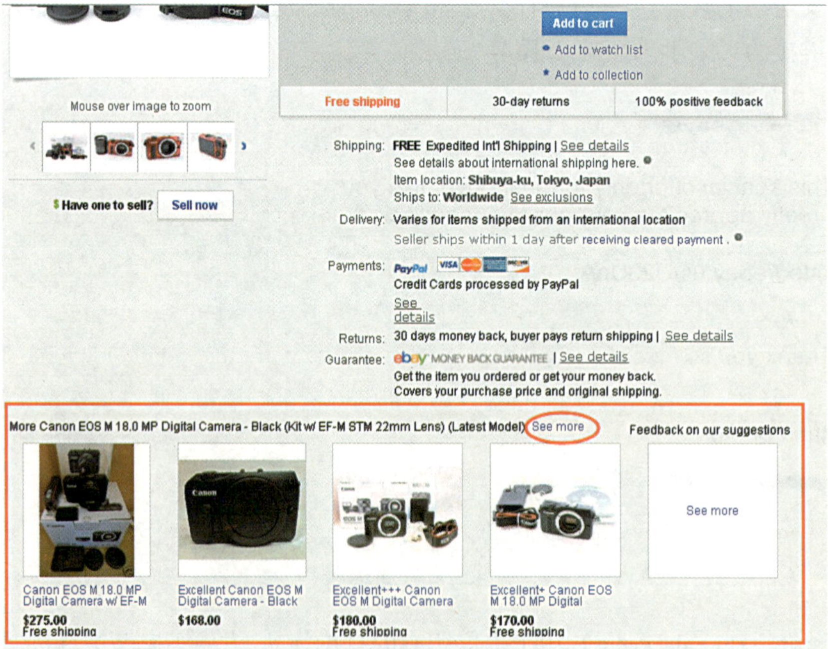

图4-9　eBay捆绑销售

2. 店铺打折

店铺打折可快速提高店铺的销量和信用，提高店铺的曝光率，如图4-10所示。

图4-10 店铺打折

3. 店铺首页营销

通过店招和滚动横幅为产品带来曝光和订单，利用首页推荐位，及时更换产品和视觉设计，如图4-11所示。

图4-11 首页推荐位

4. 关联营销

在Listing页面放了其他关联产品，实现更多关联销售的营销手段，让原先买一样产品就走的买家购买其他的产品，如图4-12所示。

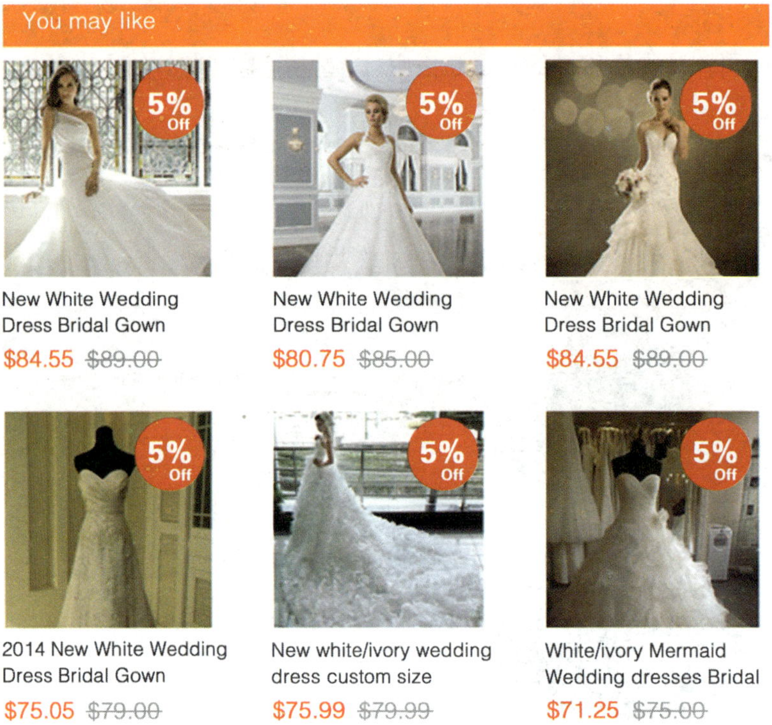

图4-12　关联营销

三 速卖通

（一）店铺自主营销

速卖通的限时限量折扣由三个板块构成：活动名称、开始时间、结束时间（美国太平洋时间）。实践证明，折扣时间持续2~3天，促销数量为10个左右合适，因为会给客人一种紧迫感。在前期产品准备时，确保做好准备工作，如一个产品要打5折，可以在上传产品时把价格定位好，不可以先提价再促销，要注意的是，打完折后要确确实实给予个人优惠，不能是虚假折扣。

采取联盟营销的手法。要知道速卖通后台每个营销工具都不是独立的，是紧密相关的，只有把所有的营销工具联合起来，才能把限时限量折扣的效果发挥得更好。可以结合全店铺打折、联盟营销和直通车进行组合推广。因为全店铺打折的效果很好，而直通车带来的曝光率是可观的（最好放在直通车推广计划中的目标产品，在Promotion组里能找到想推广的产品）。

充分利用好店铺装修的工具。卖家很少会注意到，其实我们的店招和滚动横幅也是一个很好的广告位，当我们做某个产品限时限量折扣的推广的时候，我们可以利用店铺店招和横幅的宣传作用。除此之外，店铺的首页推荐位也应该充分利用。

结合限时限量折扣的另一个营销利器就是联盟营销的主推产品。结合客户管理：客户营销并不只是发发邮件通知一下客户就行了，因为邮件发多了反而容易造成客户的反感。卖家要对客户进行分析，只有针对性地根据客户的情况发营销邮件，效果才会恰到好处。

结合客户营销做折扣的一般步骤是：整理所有客户资料、归类（可以用到第三方工具）—分析一类客户可能喜欢产品的特性是什么（如低价、独特、高质量等）—每个客户的购买周期—根据特性和购买周期来推送折扣。

最后要注意的是，要分享店铺活动，如展示在俄罗斯VK社交网站上。由于速卖通很多客户都来自俄罗斯，所以站外营销必不可少。

（1）商品主图明显折扣标识，如图4-13所示。

图4-13　折扣标识

（2）买家搜索页面Sale items额外曝光，如图4-14所示。

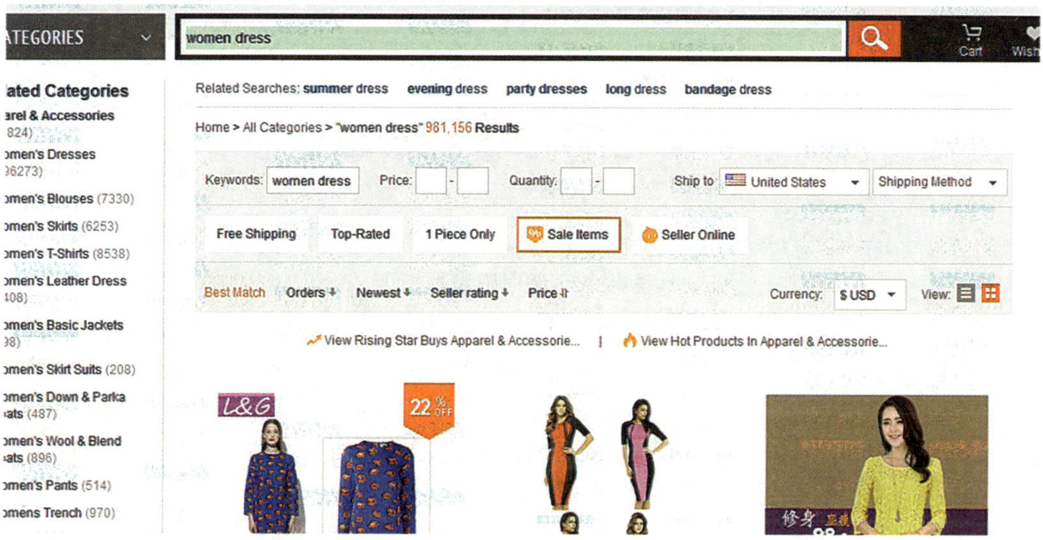

图4-14　Sale items额外曝光

具体操作步骤如下：

（1）入口：登录操作后台—营销中心—店铺活动（图4-15）。

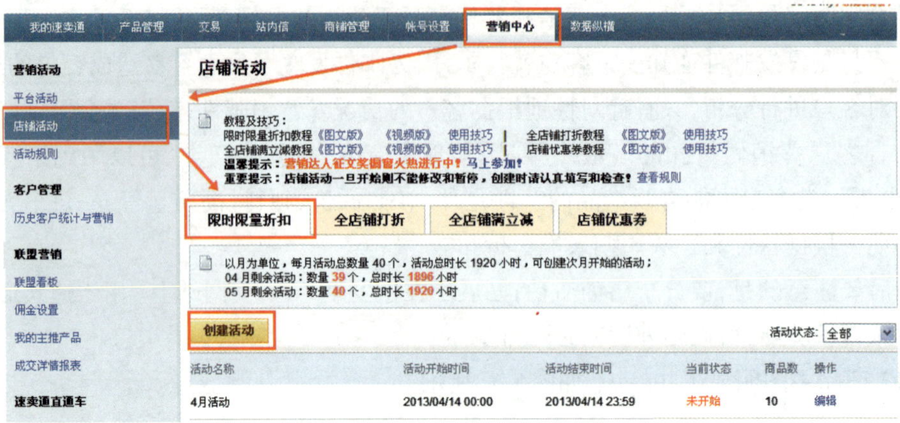

图4–15　店铺活动

(2) 活动开始时间为美国太平洋时间，打折商品12小时后展示给买家，创建活动如图4–16至图4–18所示。

图4–16　限时限量折扣

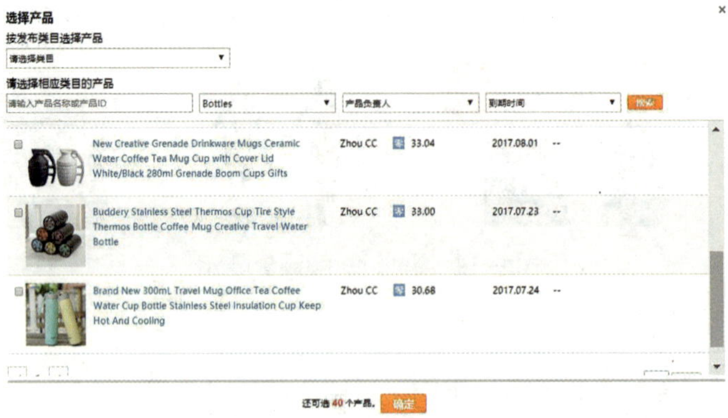

图4–17　选择产品

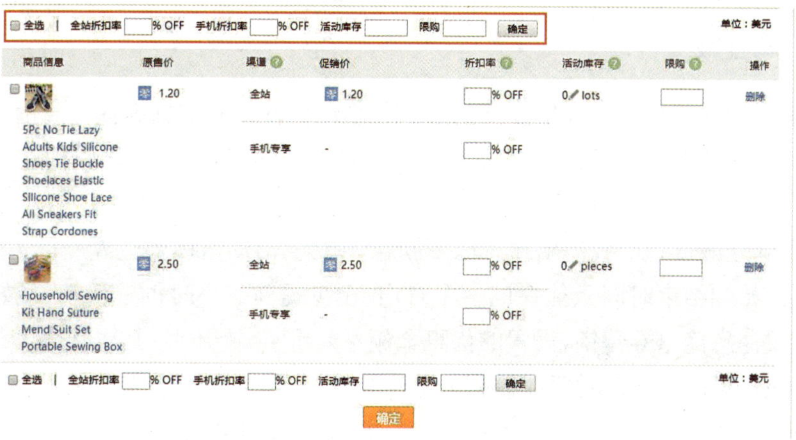

图4-18 设置折扣

（3）活动处于“未开始”状态，此时可以进行修改活动时间、增加或减少活动商品等操作。活动开始前6小时将进入审核状态，活动状态将变成“等待展示”，活动开始后将处于“展示中”状态。“等待展示”和“展示中”状态下活动不可编辑，也不可停止，如图4-19所示。

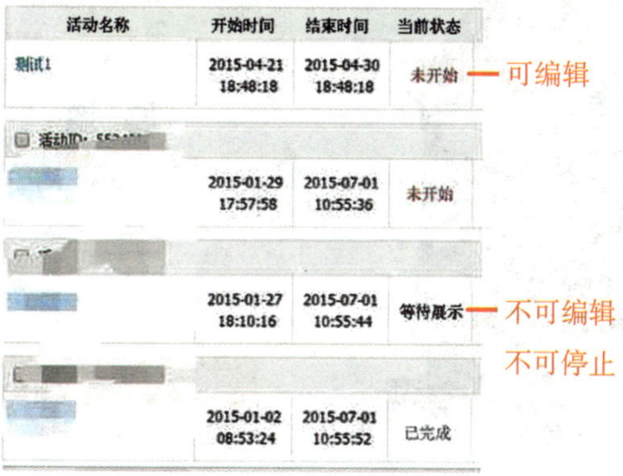

图4-19 活动状态

小贴士

限时限量折扣活动一旦创建，商品即被锁定，相关活动属性不能编辑。请务必在创建活动前编辑好活动商品信息！

注意事项

- 切勿提价打折。
- 打折商品12小时后展示给买家。
- 活动中的商品不可编辑也不可停止。
- X%off=(100–X)/10折。
- 活动开始时间为美国太平洋时间。

（二）满立减

这个活动的目的是提高客单价。先找出最近客单价（打开数据纵横—商铺概况—找到最近30天的交易情况），注意满立减都有一个数量和时间的限制，所以我们在月初的时候就要规划好整个月的满立减，这样才不会造成浪费。

在设置满立减过程中我们要注意以下问题。首先，活动名称要让人一目了然。时间限制：满立减开始和结束时间只能在同一个月内；至少提前24小时创建活动；最好整个月都存在。还有要注意优惠券营销，设置的优惠金额不要重复，错开来。其次是优惠条件和优惠内容设置，在设置优惠条件时要以提高客单价为目的。最后要借助满立减这个工具服务好我们的客户，可以时不时地给客户来一个温馨提示（提示他再加多少钱就能享受更多的折扣）。我们应多站在客户的角度，才能真正赢得客户。

搜索页面满立减标识额外曝光如图4-20所示。

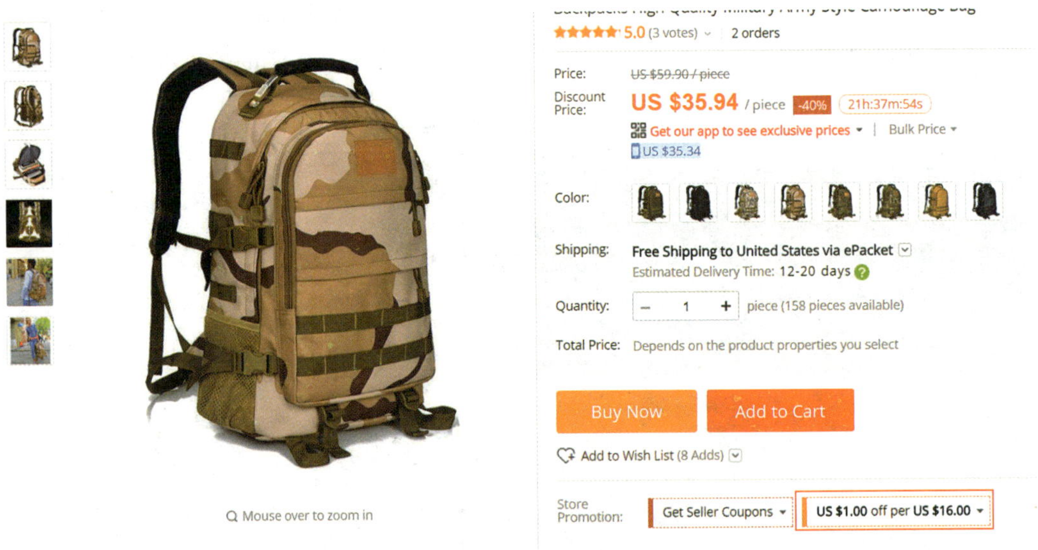

图4-20　满立减

店铺首页的明显标识吸引买家关注，如图4-21所示。

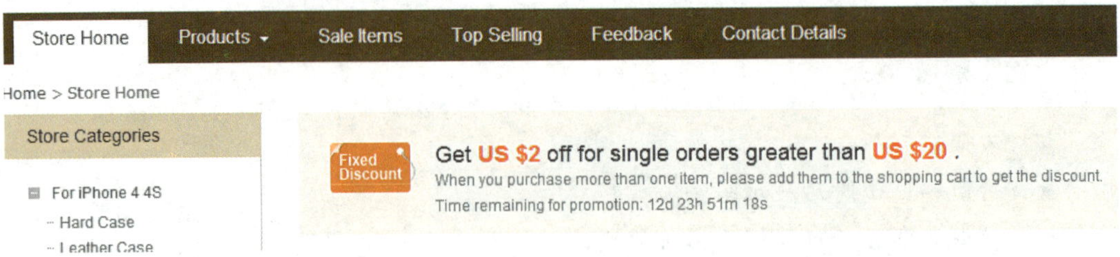

图4-21　优惠券

具体操作步骤(图4-22):进入营销中心—店铺活动—全店铺满立减。

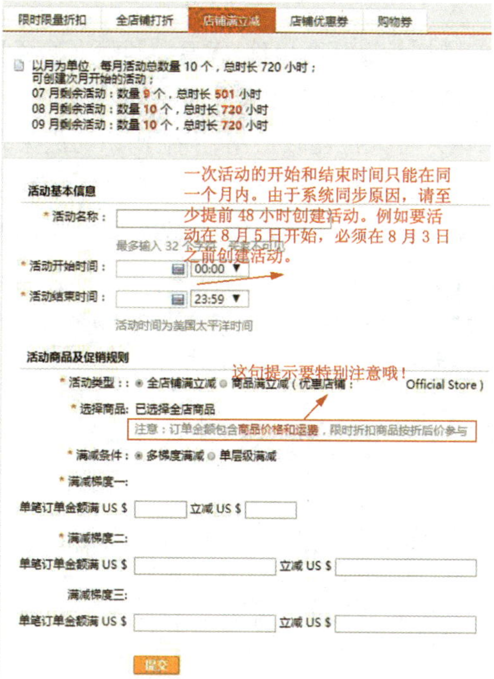

图4-22　全店铺满立减

小贴士

- 满X元减Y元,Y元达到优惠条件的10%～20%比较容易吸引买家。
- 对于有交易的卖家,可以在自己的平均客单价基础上提升20%～50%。
- 客单价=近30天的总支付成功金额/近30天购买人次。
- 优化商品报价和商品品类,设置不同的搭配组合。
- 优化关联商品,让想要享受优惠的买家快速找到搭配商品。

注意事项

- 满立减是针对全店铺所有商品的,打折商品以折后价计入满立减规则中,一定要考虑利润问题。
- 买家购买多个商品,必须使用购物车合并下单,才能享受优惠。
- 时间填写不能跨月,并且需要提前12小时创建活动。
- 当活动处于“等待展示”和“展示中”状态时,不能被修改。活动开始前的24小时将处于“等待展示”阶段。
- 满立减活动中的商品仍然可以编辑修改。

（三）优惠券

优惠券的第一个目的同样是提高客单价，优惠券和满立减经常同时使用，考虑设置优惠间的额度（可比满立减设置更小的金额）；第二个目的是增加二次营销的机会，其实优惠券在国外是十分流行的，国外客人也比较适用，当他们拿到优惠券，就会想办法把它使用掉，这就达到了我们二次营销的目的。卖家需要及时通过分析优惠券发放数量统计数据来调整各优惠券的发放量，通过数据找出最适合店铺发放的优惠券数量，并从客户的角度出发提供使用说明（图4-23、图4-24）。

优惠券在数量上有限制，一个月只可以设置领取型10张，定向发送20张。因此同样需要在月初规划，以免浪费资源。

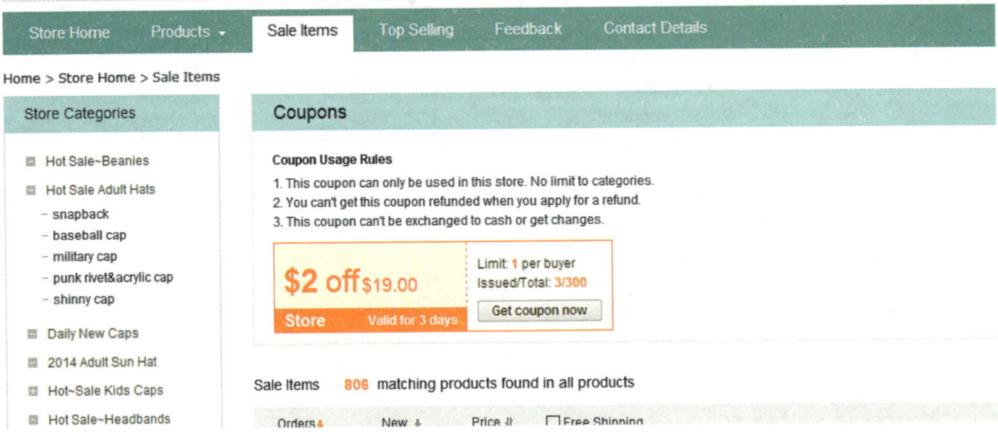

图4-23　优惠券展示

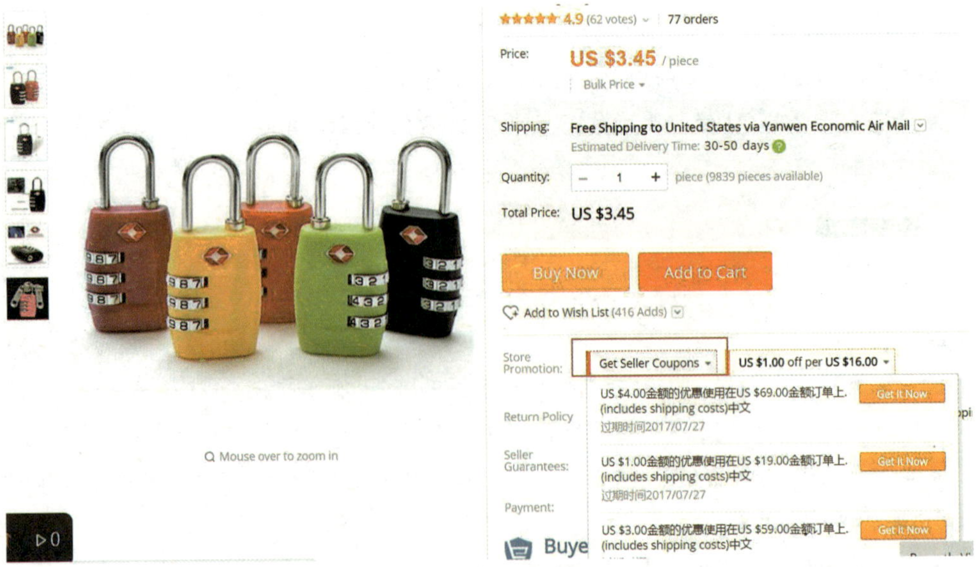

图4-24　优惠券展示

优惠券页面由三个版块组成：活动基本信息、优惠券领取规则设置、优惠券使用规则设置。首先，活动名称和之前介绍是一样的，但是要补充一点，不设任何条件的优惠券对买家吸引力更大，因此在利润率能够承受的情况下，建议卖家多设置一些无条件的优惠券，促进二次营销；其次，领取规则设置要注意衡量面值和到期日（可参考数据纵横的资料）。卖家对优惠券进行分析，根据统计客人领取优惠券的数量来选择采用什么面值的优惠券。

具体操作步骤：登录操作后台—营销中心—店铺活动—店铺优惠券，如图4-25所示。

图4-25 优惠券设置

小贴士

- 优惠券有效期不宜过长或者过短，一般5～7天比较合适。
- 无使用条件和有使用条件的优惠券结合发放，效果更佳。
- 提前替换店铺横幅，并将横幅地址跳转到优惠券领取页面，即店铺中Sale Items所在页面。
- 活动生效后，将优惠券领取地址通过邮件、旺旺发给你的老买家，提前预热引流。

注意事项

- 无条件限制的优惠券：应根据店内商品价格和利润空间设置优惠券金额。
- 有使用条件的优惠券：在客单价基础上提升一定金额，通常在5美元以上对买家有吸引力。
- 提前12小时创建活动，活动开始前可关闭活动页面，活动开始后则无法修改和关闭。

（四）全店铺打折

全店铺打折是店铺自主营销的“四大利器”之首，尤其对于新店铺来说，效果更加明显，能快速提高店铺的销量和信用，提高店铺的曝光率。

但是有三点需要注意：第一，活动时间是美国太平洋时间；第二，在店铺打折前，我们必须要对所有的产品有一个整体的利润把控；第三，注意设置时间，在等待展示阶段是不能再修改的。

（1）全店铺商品主图批量折扣标识如图4-26所示。

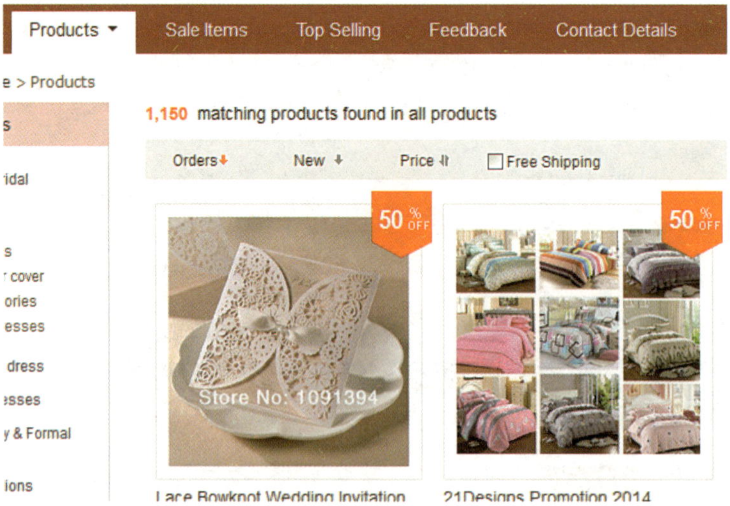

图4-26　折扣标识

（2）买家搜索页面Sale items额外曝光。

具体操作步骤(图4–27)：

① 打折前的准备：利润率不同的商品放在不同的营销分组里。

图4–27　营销分组

② 创建活动：登录操作后台—营销中心—店铺活动—全店铺打折，如图4–28、图4–29所示。

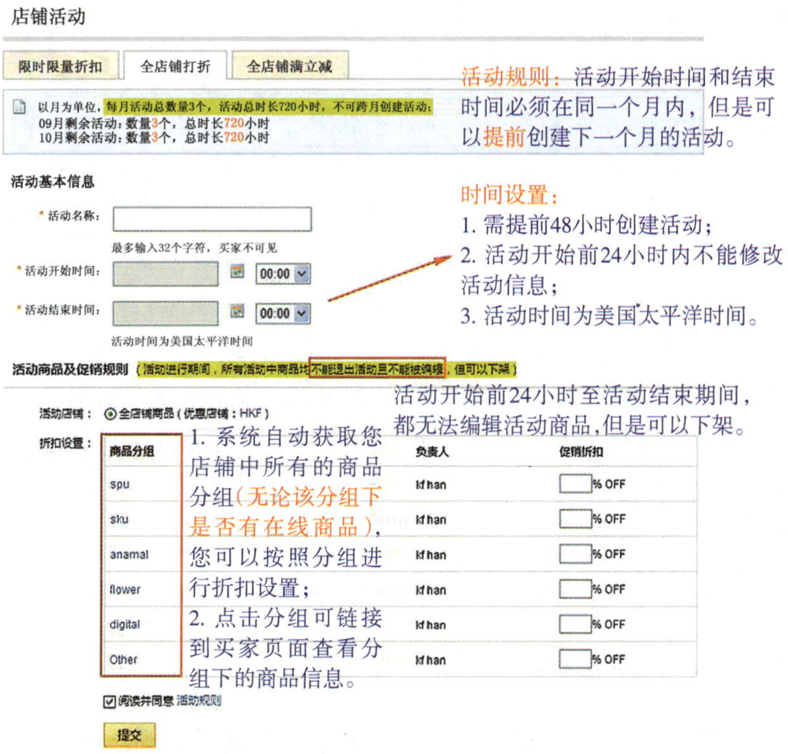

图4–28　店铺活动设置

图4-29　全店铺打折

小贴士

- 时间不宜过长，一般3天之内结束较为合适。
- 提前创建下个月的活动。
- 根据自己的利润率设置不同的折扣。

注意事项

- 提前24小时创建活动，可以提前创建下个月的活动。
- 活动开始前12小时至活动结束阶段，所有商品无法修改只能下架。
- 当“全店铺打折”活动和“限时折扣”活动时间上有重叠时，以限时限量折扣为最高优先级展示。
- X%off=(100−X)/10折。
- 活动开始时间为美国太平洋时间。

（五）店铺首页营销

店铺首页不仅是一个门面，还是一种营销手段。卖家可以通过店招和滚动横幅为产品带来曝光和订单，在做店招和滚动横幅的时候，要注意观察数据。假如把店招和滚动横幅放上去两个星期，曝光和订单量没有太大变化，说明我们的产品和视觉设计有问题，要及时更换产品或者改变视觉设计。把主推产品放到首页，让客户第一时间看到它们，还要及时更换产品和视觉设计，利用首页推荐位。

（六）橱窗营销

橱窗营销的目的是增加产品的曝光量(橱窗产品比正常的产品多8～10倍的曝光量)。速卖通的橱窗没有固定的展示位置，只是平台根据我们店铺的等级奖励给出一个增加产品的曝光量，并根据卖家的级别来分配数量。卖家可以通过橱窗位来推新款、打爆款、活动款。与之前营销工具相同的是：我们不能只把橱窗产品设计好了就行，还要进行数据监测，及时地更换不合适的产品。最终留下来的产品都是能给我们带来高曝光量、高点击量、高订单量的新款、活动款和爆款产品。

（七）淘代销

淘代销是速卖通与淘宝平台合作，为了帮助速卖通中小卖家更便捷地引入淘宝商品信息，扩充自身商品丰富度而推出的一键导入工具。卖家可以直接导入淘宝产品，从淘宝进货，在速卖通平台销售。淘代销可以快速提高店铺的曝光度，增加产品的种类，比较适合没有货源优势的速卖通新卖家。

（八）关联营销

关联营销就是在宝贝页面放了其他同类、同品牌、可搭配等有关联的产品。我们做关联营销的主要目的就是让买家能看到我们更多的产品，从而提高店铺的客单价。

关联营销步骤：

第一，将店铺所有产品分类，给客人一种一目了然的感觉，增加店铺整体的曝光量。

第二，文字关联，把所有产品通过文字进行关联，假如客户对某个产品的文字关联比较感兴趣，会点击这个关联进入店铺首页，为其他产品增加曝光量。

第三，类似产品关联，假如客户对我们的目标产品不感兴趣，有可能对旁边的相关产品感兴趣，这就间接地增加了旁边产品的曝光量。

（九）平台活动

平台活动能快速为我们店铺带来高曝光率、高点击率、高转换率的立竿见影的效果。如果能利用好平台活动的话，就能很快地带动其他产品的营销。现在常见平台活动类型有Super Deal、Today's Deal、Weekend Deal、俄罗斯团购、巴西团购手机抢购等，每个活动都有不一样的效果。

参加平台活动的规则：卖家在速卖通平台的交易情况需满足以下条件，才有权申请加入平台促销活动：

1. 有交易记录的卖家需满足的条件

（1）好评率≥95%。

（2）纠纷率≤5%。

（3）速卖通平台对特定促销活动设定的其他条件。

2. 无交易记录的卖家

由速卖通平台根据实际活动需求和商品特征接受卖家加入申请。卖家在促销活动中，应该遵守国家法律、法规、政策及速卖通规则，不得发生涉嫌损害消费者、Alibaba及AliExpress正当权益，以及涉嫌违反国家法律、法规的行为。

操作步骤：登录操作后台—营销中心—平台活动，如图4-30至图4-34所示。在可参加的活动里挑选要报名的活动，点击“我要报名”，然后选择产品，填写折扣率（或价格）、报名的产品数量，最后提交。

图4-30 参加平台活动

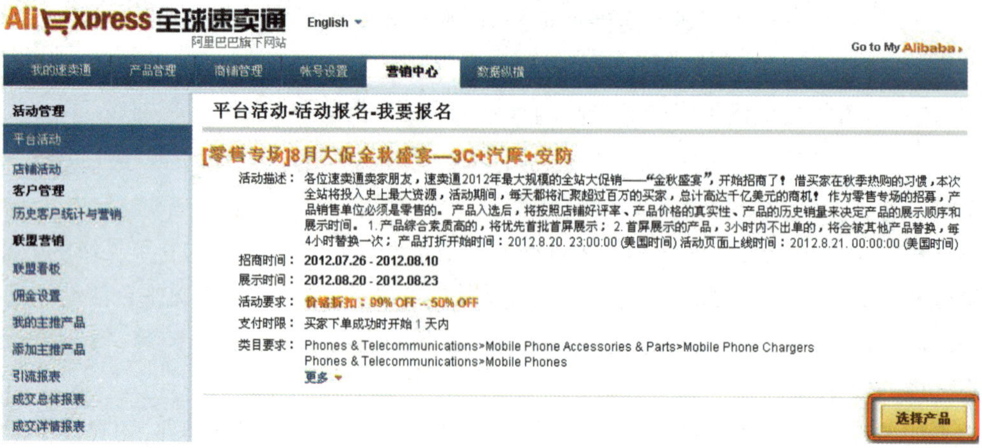

图4-31 选择产品

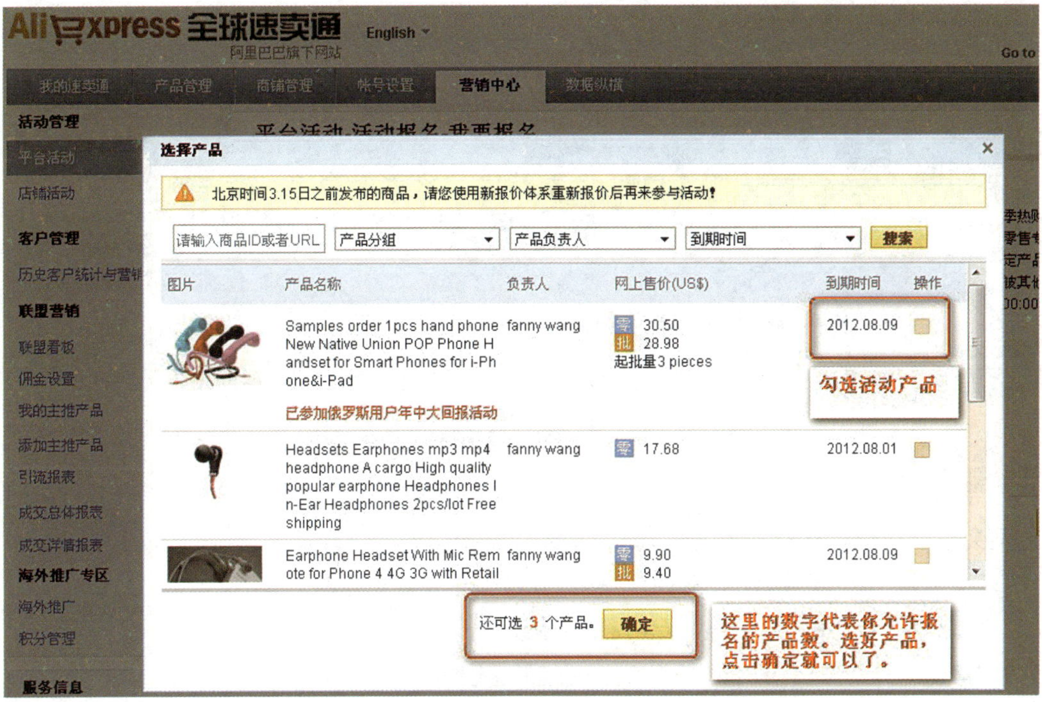

图4-32 选择产品

图4-33 设置折扣

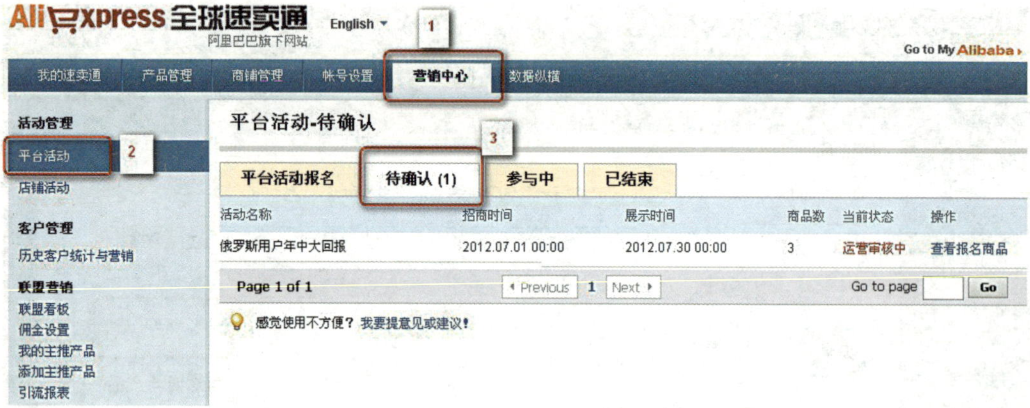

图4-34　待确认

提交后在“待确认”下查看报名的活动，展示时间前2～3个工作日会进行审核，审核通过就会显示在“参与中”等待展示。

“待确认”状态的活动，说明此产品报名成功，正在等待审核。

“审核中”状态的活动，说明此产品已锁定。

“参与中”状态的活动，说明此产品正在页面展示中。

（十）速卖通直通车

速卖通直通车，指阿里巴巴全球速卖通平台会员通过自主设置多维度关键词，免费展示产品信息，通过大量曝光产品来吸引潜在买家，并按照点击付费的全新网络推广方式。简单来说，速卖通直通车就是一种快速提升店铺流量的营销工具。

首次使用需开通并充值，直通车介绍如图4-35至图4-38所示。

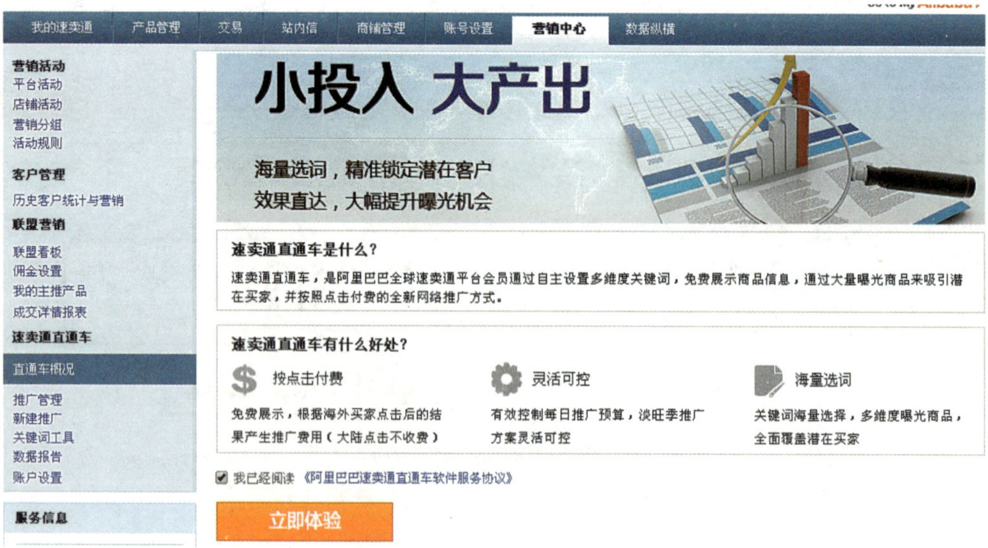

图4-35　开道速卖通直通车

图4-36 体验速卖通直通车

图4-37 速卖通直通车充值

图4-38　速卖通直通车付款

速卖通直通车概况如图4-39所示。

图4-39　速卖通直通车概况

速卖通直通车的新建推广计划如图4-40、图4-41所示。

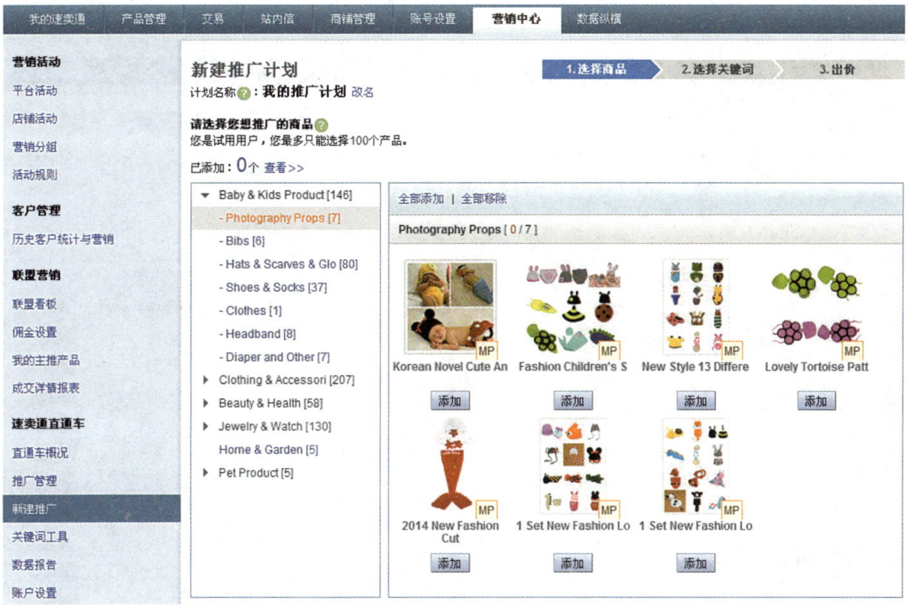

图4-40 速卖通直通车的新建推广计划(一)

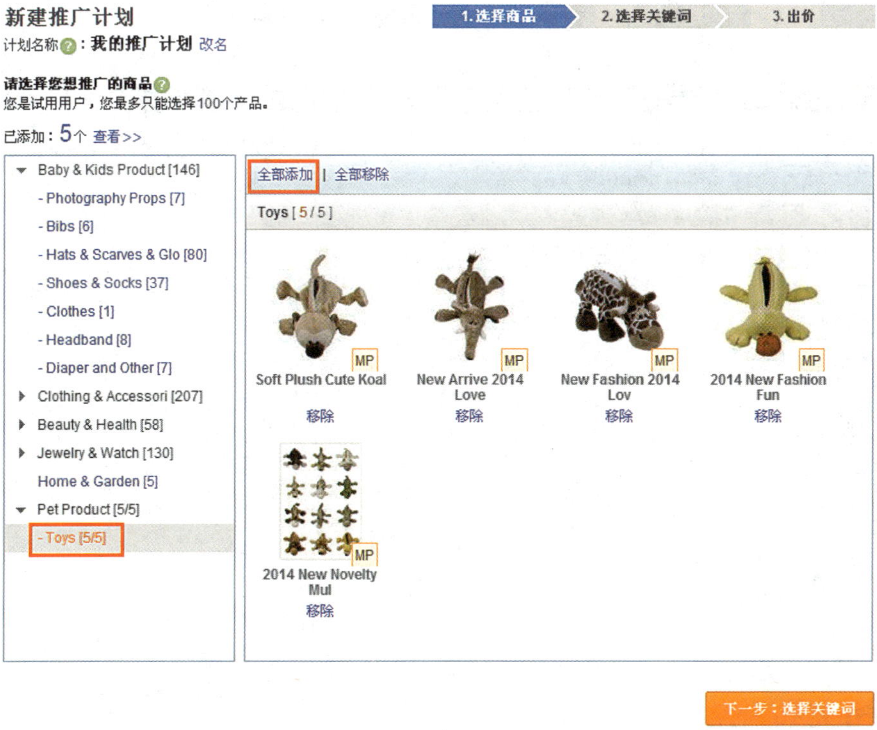

图4-41 速卖通直通车的新建推广计划(二)

速卖通直通车添加推广关键词有3种：系统推荐词、手动添加词、批量加词，如图4-42至图4-44所示。

图4-42 利用“系统推荐词”添加推广关键词

图4-43 利用“手动添加词”添加推广关键词

图4-44　利用“批量加词”添加推广关键词

然后对关键词出价，如图4-45所示。

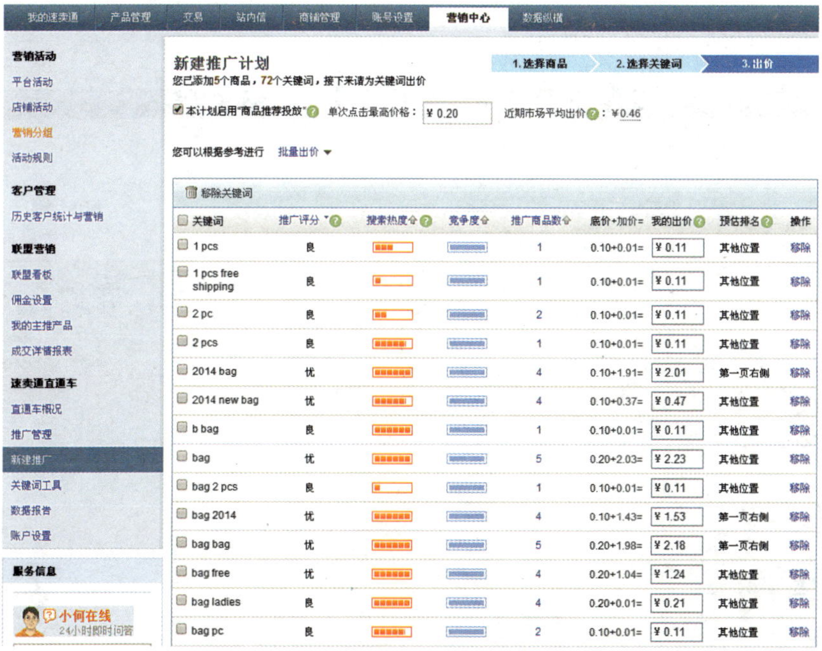

图4-45　关键词出价

可以选择“批量出价”，所有步骤填好后单击“完成”，如图4-46、图4-47所示。

图4-46　批量出价

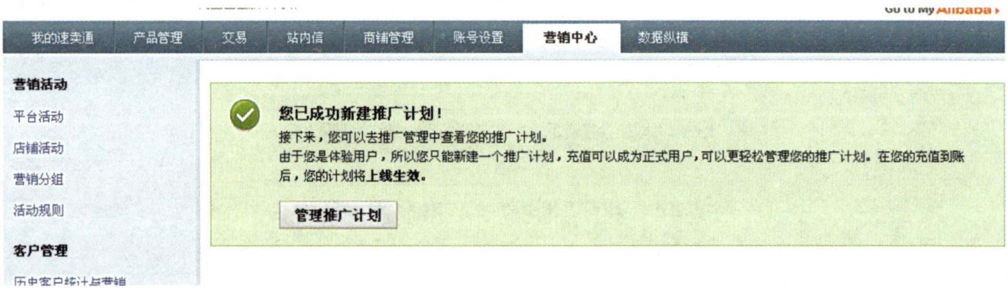

图4-47　完成推广计划

管理推广计划，如图4-48所示。

图4-48　管理推广计划

根据推广效果实时调整出价，如图4–49所示。

我的速卖通 产品管理 交易 站内信 商铺管理 账号设置 营销中心 数据纵横

营销活动
平台活动
店铺活动
营销分组
活动规则
客户管理
历史客户统计与营销
联盟营销
联盟看板
佣金设置
我的主推产品
成交详情报表
速卖通直通车
直通车概况
推广管理
新建推广
关键词工具
数据报告
账户设置
服务信息
小何在线

管理短衬衫 返回推广计划列表

本计划已启用商品推荐投放 设置

商品（2） 关键词（27） 添加关键词

移除关键词 查找关键词 精确匹配

关键词	推广评分	推广商品数	七日曝光量	七日点击量	平均点击花费	我的出价	预估排名	操作
button shirt	优	2	3	0	0.00	¥0.11	其他位置	移除
shirt	优	2	23	0	0.00	¥0.21	其他位置	移除
men short shirt...	优	2	0	0	0.00	¥0.11	其他位置	移除
men shirt	优	2	3181	7	3.68	¥2.39	第一页右侧	移除
cotton shirt	优	2	70	0	0.00	¥1.43	第一页右侧	移除
shirt button	优	2	4	0	0.00	¥0.11	其他位置	移除
brand men shirt	优	2	39	0	0.00	¥1.64	第一页右侧	移除
casual shirt	良	2	6	0	0.00	¥0.21	其他位置	移除
casual shirt m...	良	2	1	0	0.00	¥0.11	其他位置	移除
collar shirt	良	2	0	0	0.00	¥0.21	其他位置	移除
men brand shirt	优	2	3	0	0.00	¥0.21	其他位置	移除
men casual s...	良	2	0	0	0.00	¥0.11	其他位置	移除
men shirt brand	优	2	0	0	0.00	¥0.21	其他位置	移除
pattern shirt	优	2	4	0	0.00	¥0.11	其他位置	移除
shirt brand	优	2	519	1	3.55	¥0.21	其他位置	移除

图4–49 实时调整出价

每次实际的点击花费，取决于你和其他卖家的排名关系、出价和推广评分。在系统计算过程中，主要有以下两种情况：

（1）当商品的推广评分排在竞争该关键词卖家的最后一名时，或者你的商品是这个关键词下展示的唯一推广商品时，你所需要支付的点击价格为该关键词的底价。

（2）在其他情况下，你所需要支付的点击价格 = {(下一名卖家的出价×下一名卖家的推广评分)/你自身的推广评分} + 0.01元。

举例说明：

A、B、C三个卖家同时竞争X这个关键词，假设底价为1元。以下为推广评分和出价：

卖家	推广评分	出价(元)
A	20	10
B	10	15
C	5	20

则排在最前面的是A，A需要出7.51（$\frac{15\times10}{20}$+0.01）元；排在第二位的是B，B需要出10.01($\frac{20\times5}{10}$+0.01)元；排在最后的是C，C需要出1元。

总结：

① 每次点击花费不会超过你为关键词所设定的出价，根据当前基于推广评分的扣费

规则，你的实际点击花费往往会低于你的出价。

② 点击花费会受其他卖家影响，即使你的出价不变，同一关键词在不同时刻的实际点击花费也可能是不同的。

③ 点击花费会受推广评分的影响。你的推广商品与关键词的推广评分越高，你所需要付出的每次点击花费越低。

相应的数据报告如图4-50至图4-52所示。

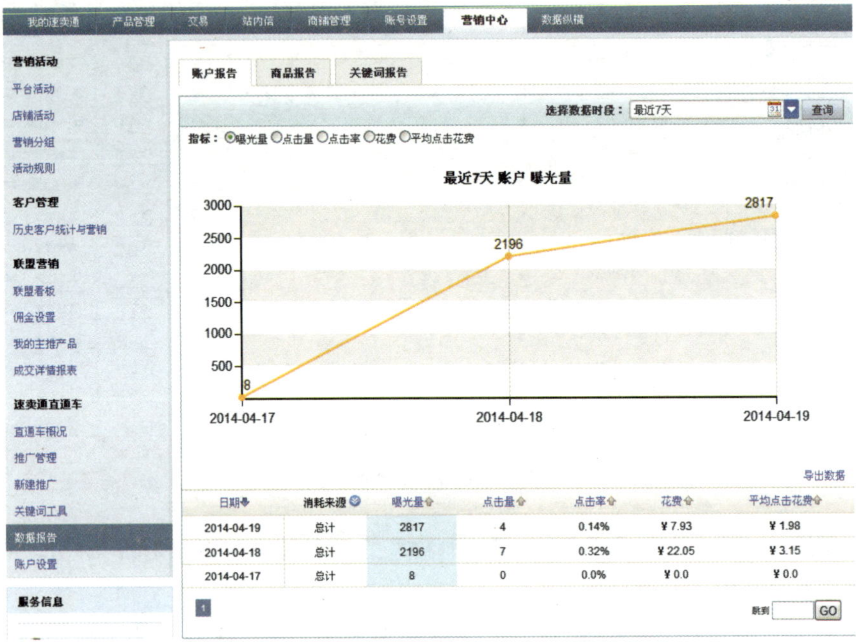

图4-50　数据报告(最近7天账户曝光量)

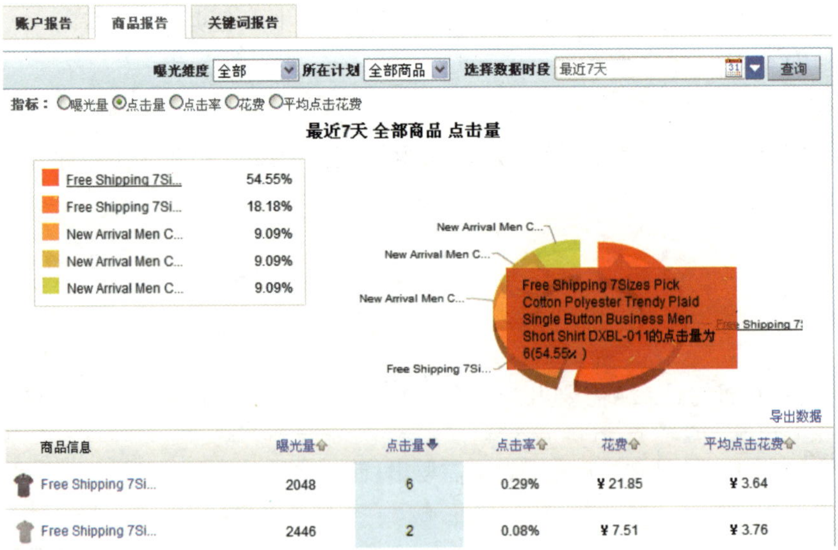

图4-51　商品报告(最近7天全部商品点击量)

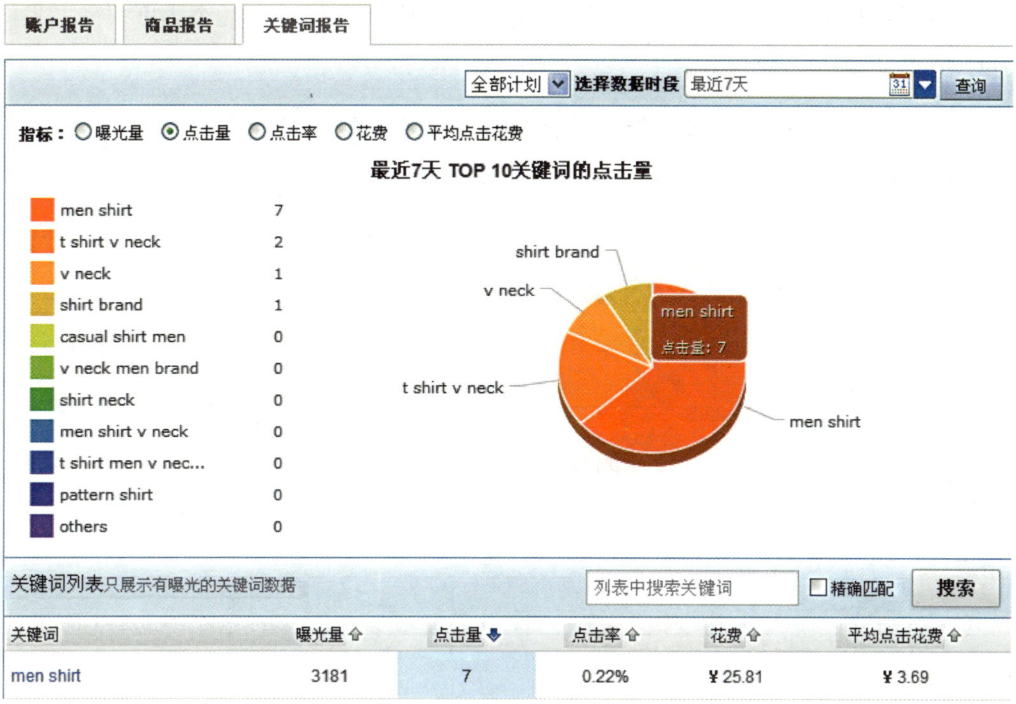

图4-52　数据报告（最近7天TOP10关键词的点击量）

1. P4P（pay for performance）广告

P4P广告是按照效果付费的广告模式。当买家搜索一个关键词，设置了该关键词推广的商品就会在相应的展示位上出现，当买家点击了你推广的商品，才会进行扣费。速卖通直通车是为全球速卖通卖家量身定制的，能够实现快速提升店铺流量，按点击付费的效果营销工具。它最大的优势就在于为卖家引流。

2. 优势：黄金地段，海量展现（关键词投放和产品推荐投放）

速卖通直通车目前有两种投放方式：关键词投放及商品广告。直通车会以海量多元化的方式，让你的商品尽可能多地占据速卖通平台最吸引眼球的黄金位置；精确点击，扣费合理。平台会自动屏蔽无效点击（如中国点击、重复性点击），所以收到的必然是具有买家购买意愿的精准点击。针对性扣费，关键词出价会在一定程度上影响点击花费，但是这个价格只是为一次点击支付的最高金额，实际扣费小于或等于出价金额；自助选择，灵活投放。无论是商品，还是关键词，都可以按照自己的需要选择推广投放。还可以根据不同的推广目的选择单品、新品、爆品进行区别性投放。另外，还可以对店铺中商品进行整合，利用大量的关键词去测试和筛选热销商品，去探索蓝海市场。

3. 利用直通车获取流量：“二八推广思路”

“二八”方案就是选择二类商品（重点商品）重点推广，在关键词和预算上也优先向二类方案倾斜；八类是其他商品，主要用于铺面引流，抢占二类商品外的流量。另外，可通过直通车内部提供和浏览国外知名网站来寻找关键词。

选品是推广的核心，在“二八”方案中，我们可以通过表4-1中的几个维度来确定推广的重点商品。

表4-1 “二八”方案中确定推广的重点商品的几个维度

<table>
<tr><td rowspan="7">二类商品</td><td rowspan="4">自身判断</td><td>销量(收藏量)大</td></tr>
<tr><td>转货率高</td></tr>
<tr><td>自然排序和数据积累</td></tr>
<tr><td>价格</td></tr>
<tr><td rowspan="2">行业判断</td><td>网站热销品</td></tr>
<tr><td>活动商品</td></tr>
<tr><td colspan="2">其他</td></tr>
<tr><td>八类商品</td><td colspan="2">——</td></tr>
</table>

（1）自身判断。

① 销量(收藏量)大的商品，有一定历史积累，买家容易有信任感。进入“商品分析”页面，选择销量较大的商品作为二类商品。

点击单个商品的“展开数据分析”按钮，查看加入购物车及收藏次数，优先选择添加次数多的商品。

② 转换率高的商品：店铺转换率高的商品往往比较受买家青睐，后台查看时需对比出单较多的商品的转换率。

③自然排序和数据积累：选择自然排序在2～3 页上，order＞5Feedback（Positive）＞95%，纠纷率＜5%。

④ 价格：选择利润、价格相对有优势的产品作为二类商品，价格可能是确实低于行业均价，也可能是让利做推广，需要分析同页面类似商品的价格情况。

（2）行业判断。

① 网站热销品：平台的Hot search 热门词和行业的Best selling 都可以作为选品参考。如果你有这款商品，但排序不占优势，或者得不到行业首页推荐，那么可以选为二类商品作为直通车主推。

② 活动商品：平台最新最热门的活动推荐的都是最热卖的产品。

（3）关键词的分类及设置(表4-2)。

① 二类产品重点添加TOP 5 万词表里的词，以保证较大的浏览量。热销宝贝基本都是应季宝贝，买家搜索的词每天在变化，搜索的词会不断增加，因此关键词一定要每天进行优化，删除无展现的词，保证有点击的词不断增加。

表4-2 关键词的分类及设置

二类商品	高流量词	首页
		活动
		热搜词表
八类商品	全量词	系统推荐
		围绕商品组合

可以利用以下选词渠道：

A. 通过www.aliexpress.com 首页搜索框下方词语，如图4-53 所示。

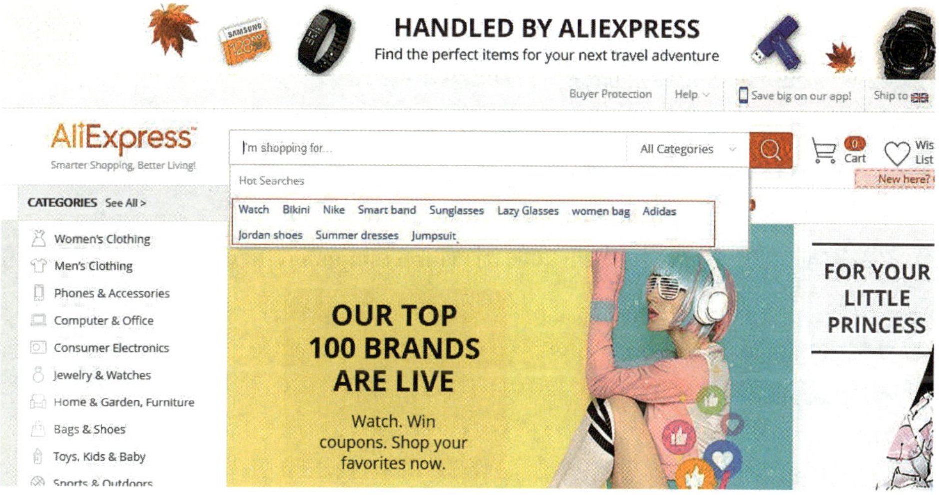

图4-53 速卖通首页搜索框

B. 通过速卖通搜索框下的类目词，如图4-54所示。

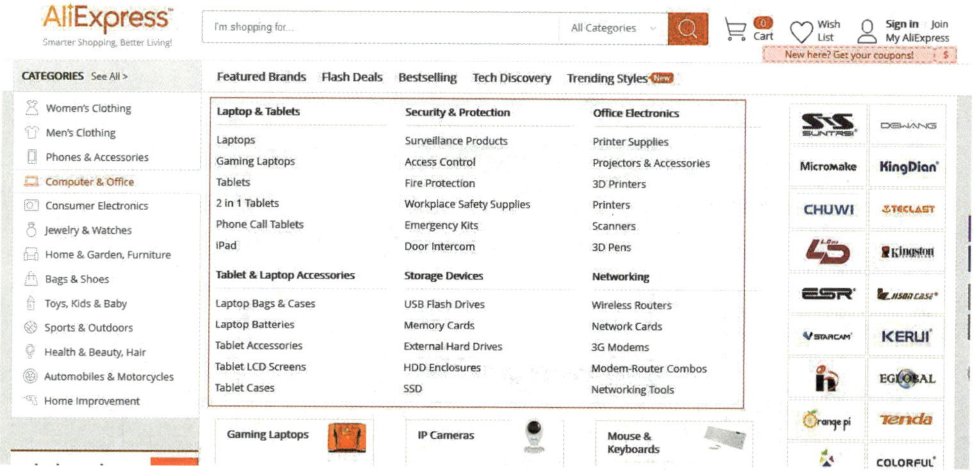

图4-54 速卖通搜索框下的类目词

C. 通过活动热搜词。

D. “数据纵横”搜索词定制。

对于如何全方位地获取关键词，可以通过内部渠道，也可以通过外部渠道。

内部渠道：直通车关键词工具（重点推荐）、直通车系统推荐词、数据纵横搜索词分析、数据纵横商品分析搜索词来源、网站导航页面、网站搜索引导、同行标题。

外部渠道：国外网站（eBay、amazon、Google AdWords）、词组合工具、买家询盘。

② 八类产品推广的目的在于给店铺引流。因为多推广一个宝贝，就可以多设置200个关键词，而且可以给店铺引进某类潜在买家。因此，这些宝贝的关键词可以侧重在系统推荐词中，瞄准跟宝贝相关度高的关键词，给店铺带来更多的目标人群。为了区分对待，建议为销量一般的产品单独建立一个推广计划，设定合理的日限额来控制推广费用，也可以添加系统推荐词，进行合理引流。定期删除没有展现量的关键词，因为一个产品目前最多绑定200个关键词，数据有限，主打产品要尽可能争取多曝光。

只要用了直通车，它就像放大镜，能把曝光量、流量、订单数“放大”。

下面介绍一下关键词选择的具体步骤：

第一步，获取关键词。

所谓无效关键词，即跟产品相关性不大的词，如free shipping，new arrival等获取关键词可通过如下途径：

- 卖家后台搜索词分析。
- 前台搜索（Aliexpress买家首页）。
- Google AdWords。
- eBay、amazon等网站。

第二步，搜索词分析。对卖家后台“数据纵横”里的搜索词进行分析，在行业内最好精确到具体分类，如图4-55、图4-56所示。

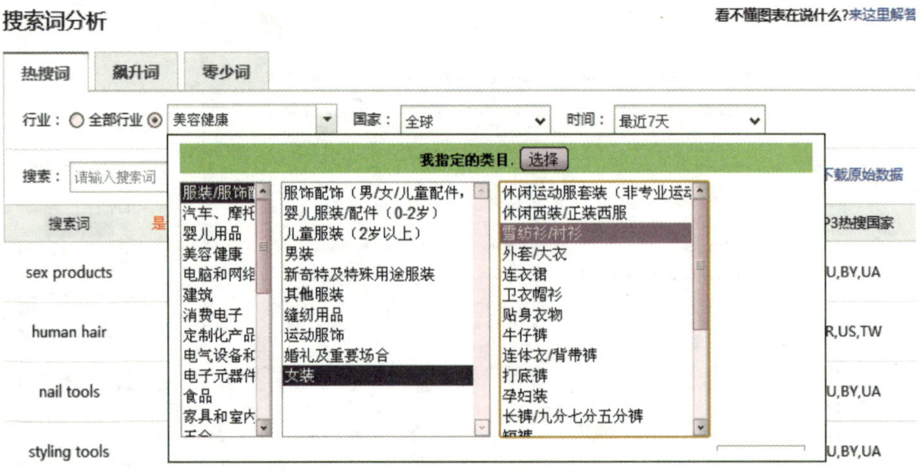

图4-55 搜索词分析（一）

序号	搜索词	是否品牌词	搜索人气	搜索指数	点击率	成交转化率	竞争指数	OP3热搜国
1	new 2014	N	298,878	1,889,380	6.71%	0.13%	3.00	RU,BY,UA
2	spring 2014	N	226,568	1,411,623	9.00%	0.11%	4.00	RU,BY,UA
3	women blouse	N	30,660	214,796	37.07%	0.48%	31.00	RU,BY,UA
4	blouse	N	24,185	213,586	38.91%	1.19%	87.00	RU,BR,US
5	horse	N	85,820	194,032	6.76%	0.04%	1.00	RU,BY,UA
6	shirt women	N	14,316	111,207	31.17%	0.86%	74.00	RU,BR,IL
7	fashion women zara2014	N	17,259	103,113	13.93%	0.17%	11.00	BR,RU,ES
8	blouses	N	11,218	91,581	36.90%	1.06%	71.00	RU,BR,US
9	women spring 2014	N	12,260	89,408	10.91%	0.08%	10.00	RU,BY,UA
10	women blouses	N	10,728	87,125	39.70%	1.15%	102.00	BR,US,RU
11	winter dress	N	25,783	86,617	21.89%	0.09%	5.00	RU,BY,UA
12	women work wear	N	13,824	79,899	11.50%	0.09%	12.00	RU,BY,UA
13	lace	N	14,911	68,831	25.89%	0.63%	36.00	BR,RU,US
14	women clothing	N	9,940	67,100	13.98%	0.30%	26.00	US,BR,IL
15	plus size	N	9,878	64,851	23.04%	0.30%	26.00	BR,US,RU
16	blusas femininas	N	10,311	64,621	38.85%	0.69%	21.00	BR,CO,US
17	blusas	N	10,950	64,501	39.48%	1.20%	31.00	BR,ES,SV
18	chiffon shirt	N	10,663	61,439	37.95%	0.43%	57.00	RU,BR,BY
19	tops for women	N	6,988	58,118	12.76%	0.38%	45.00	US,RU,FR
20	body	N	13,326	52,540	24.41%	0.31%	10.00	BR,RU,BY
21	chiffon blouse	N	6,820	51,478	40.01%	1.34%	105.00	BR,RU,US
22	women's clothing	N	6,135	45,072	9.19%	0.33%	25.00	RU,BR,ES
23	chiffon	N	6,877	43,912	29.44%	1.17%	73.00	BR,RU,US
24	women lace	N	7,850	39,567	11.69%	0.08%	11.00	RU,BY,UA
25	camisas femininas	N	6,508	39,292	35.75%	0.69%	25.00	BR,ES,US
26	women shirt	N	4,523	37,687	31.13%	1.06%	97.00	IL,BR,RU
27	atacado roupas femininas	N	15,422	37,024	19.16%	0.13%	1.00	BR,US,JP
28	dudalina	N	12,061	35,479	35.62%	0.70%	3.00	BR,US,ES
29	tops	N	4,937	35,242	15.32%	0.30%	48.00	US,RU,BR
30	ladies blouses	N	7,190	35,138	44.38%	1.40%	48.00	BR,US,GE
31	lace blouse	N	6,458	34,065	45.47%	1.23%	56.00	BR,RU,US

图4-56　搜索词分析(二)

下载报表后，在搜索指数较高的词里面(一般前30个)选择适合自己的词，然后拼凑起来，如图4-57所示。

new 2014 women blouse shirt clothing blusas chiffon tops ladies blouses

序号	搜索词	是否品牌词	搜索人气	搜索指数	点击率	成交转化率	竞争指数	OP3热搜国
91	off the shoulder	N	2,174	10,051	3.73%	0.08%	6.00	RU,BY,UA
92	женские платья	N	2,332	9,917	16.66%	0.31%	22.00	RU,BY,UA
93	big size women clothes	N	1,204	9,790	8.67%	0.00%	23.00	RU,BY,BR
94	lace top	N	1,519	9,580	31.63%	0.63%	79.00	US,RU,GB
95	big size	N	1,418	9,565	11.21%	0.12%	19.00	RU,BR,NL
96	рубашка женская	N	1,185	9,305	37.12%	0.49%	57.00	RU,BY,UA
97	za women	Y	1,178	9,244	14.71%	0.16%	56.00	ES,BR,RU
98	jeans shirt	N	2,796	9,045	50.23%	1.13%	25.00	BR,RU,IL
99	bonés	N	5,047	8,984	2.23%	0.04%	1.00	BR
100	fashion	N	1,062	8,965	5.87%	0.17%	36.00	RU,BR,US

图4-57　搜索词分析(三)

注意： 品牌词不要用；避免单词重复出现(标题堆砌)；只选用得到的词。

● 速卖通前台搜索：在买家频道（www.aliexpress.com）里面用关键词搜索；先用宽泛词搜索，如卖女鞋就用women shoes搜，然后在搜索结果中寻找与自己所售类似的产品，选择并借鉴其他卖家使用的优秀的关键词，如图4-58所示。

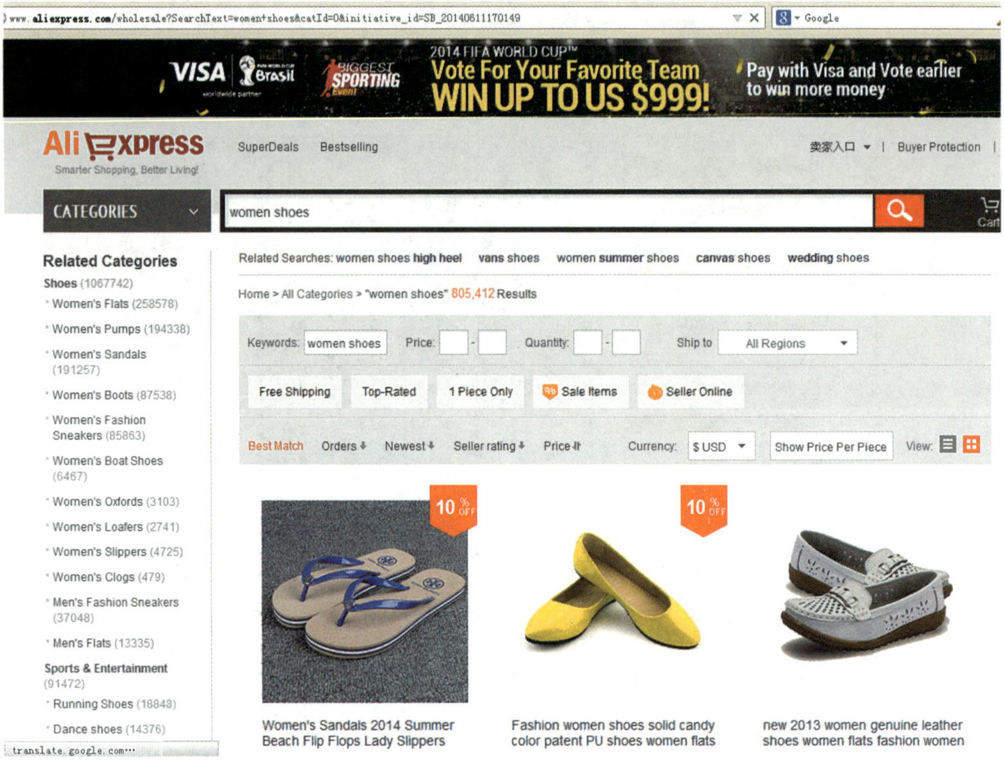

图4-58　速卖通前台搜索

● 其他平台（eBay）前台搜索如图4-59所示。

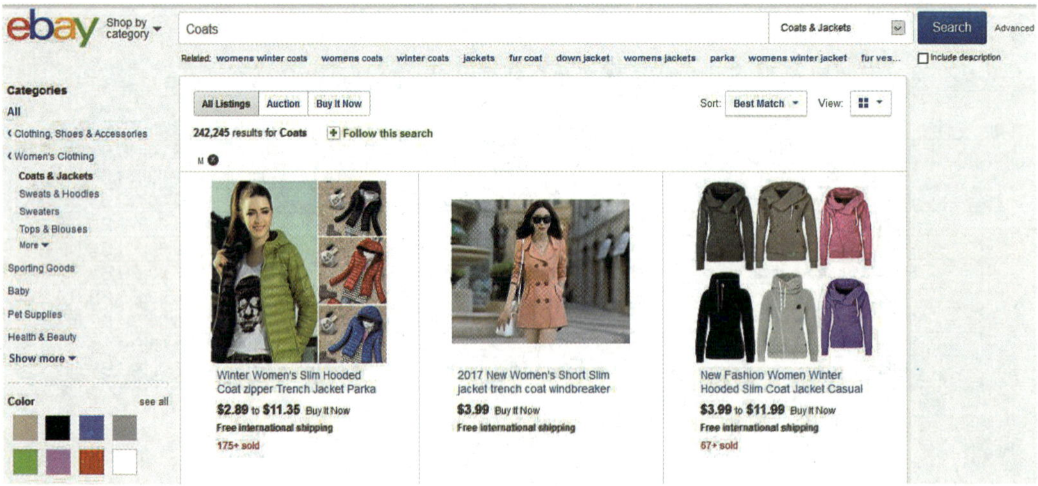

图4-59　eBay前台搜索

● amazon前台搜索如图4-60所示。

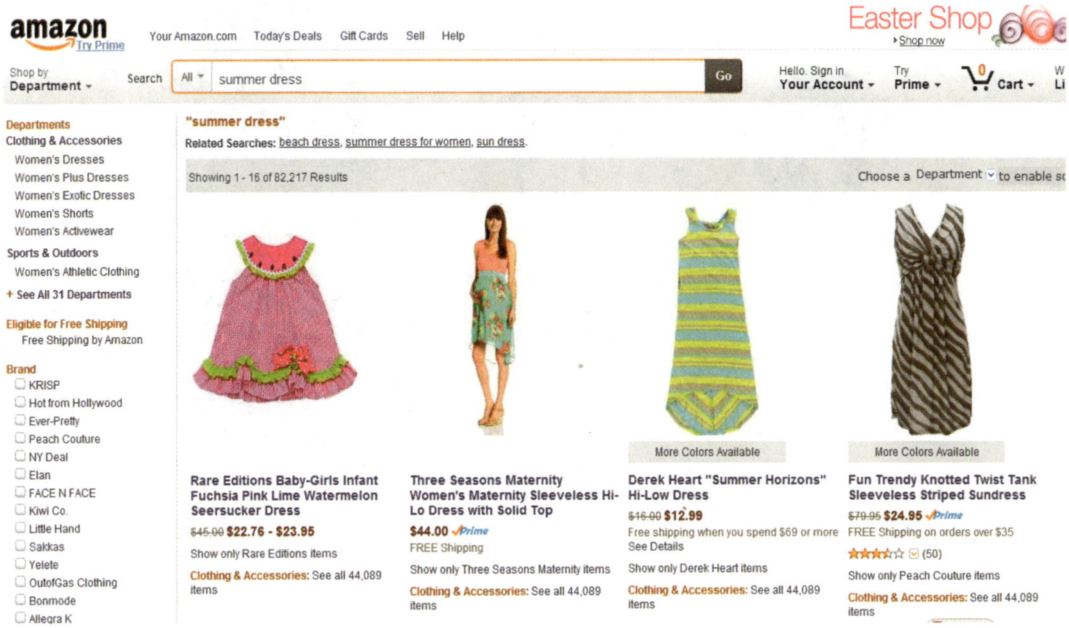

图4-60 amazon前台搜索

4. 提供直通车的转化率

影响直通车转化率的因素：选品（有优势的商品才会受到买家青睐）、产品图片（清晰好看的图片能让买家一眼就能看清楚你卖的商品，勾起买家购买兴趣）、产品标题（标题体现出你要卖什么产品及产品特色，用最简洁的语言打动买家）、产品定价（根据自己的推广策略来为用直通车推广的产品定价）。

我们要获得订单，就要为商品引流，经过一层层转换后，最终获得订单。直通车的作用在于放大效果，在基础的流量上获得较大的提升。在直通车放大效果、获得更多流量之前，我们要选择一些转化率高、有潜力、有优势的商品。

在选品上我们可以通过品类确定、店铺确定及商品的基础条件来推广商品，如图4-61所示。

确定品类：一是根据平台热销商品，比如类目的设置其实就代表了热销的商品类目；二是根据各种平台活动中商品，平台的活动通常会选择近期受买家喜爱及热销的商品；另外，“数据纵横”中的搜索词，近期的热门词或者飙升词都代表了最近的流行趋势。

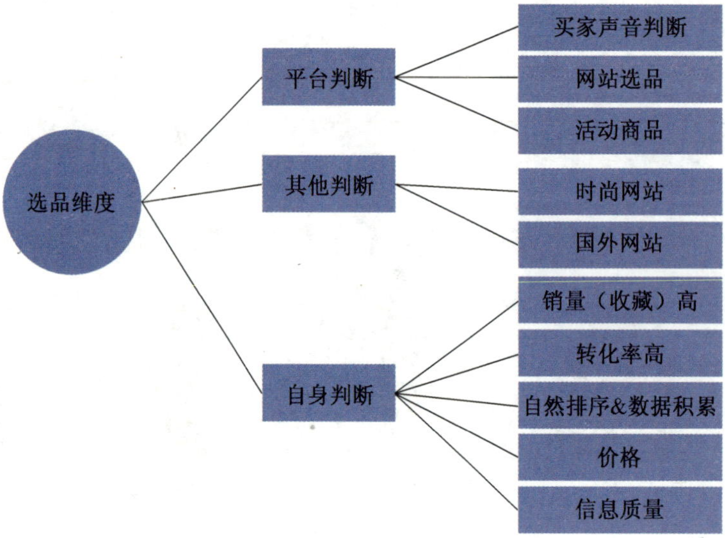

图4-61　选品确定的维度

5. 商品定价

（1）商品成本核算：商品本身的货物成本、物流成本等就不再赘述，大家应该都会核算的。直通车成本是一次性充值，按点击付费，收益却是长期的。因此，对直通车的成本核算应按时间、商品进行分摊，不能一次性计入某个商品。

（2）同类商品价格：了解同行定价，真实搜索举例。

（3）如何修改定价：首先从买家的心理角度出发，多一元少一元可能对自己最终的利润没有太大的影响。其次，商品发布时指定的价格要有一些利润空间，以后可以长期按照此价格或低于此价格出售，可以通过打折促销去改变，最好展示给买家的是实际价格。

6. 直通车推广策略

（1）新品打造策略（第一次参加直通车推广）：质量优、颜色全、款式新，功能特点突出，价格有优势。

（2）方案的建立：选品（确定类目、确定产品元素）、选词（搜索词分析、关键词工具、系统推荐、导航词、商品分析—流量来源）、建立方案（第一阶段：多对多撒网式，海选阶段；第二阶段：单品对应200个词）、出价（关键词出价、商品推荐投放出价）。

（3）方案分析：在新品推广过程中，随着数据的积攒和沉淀，我们还需要分析方案的健康状况，看看方案的整理流量来源，以及关键词的转化效果。

（4）关联推广：店铺优化，放在店铺Banner广告位的推广，在店铺首页显眼的位置做推广。

（5）产品关联：在店铺销量靠前的商品中，也关联新品。

（6）店铺活动：常结合关联活动，如限时抢购、满立减、全店铺打折、优惠券、平台活动等。建议将选定的新品结合店铺的折扣活动推广。

（7）联盟营销：按成交付费的推广模式。

具体的操作步骤如下：

第一步，发布产品，如图4-62所示，包括的内容有：

- 类目。
- 产品基本信息 —— 产品的属性、标题、关键词、图片、价格、描述等。
- 包装信息 —— 包装重量、尺寸。
- 物流设置 —— 运费。
- 服务模板 —— 是否接受退换货。
- 其他信息 —— 产品分组。

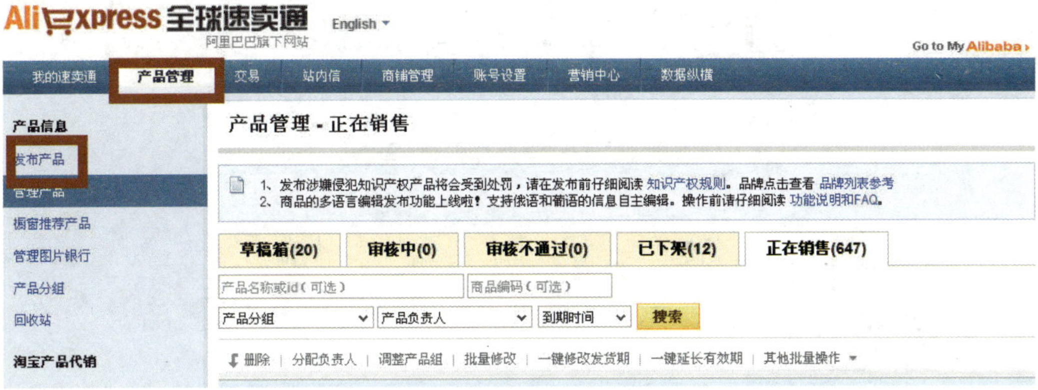

图4-62　速卖通发布产品入口

（1）搜索类目。速卖通类目选择如图4-63所示。

图4-63　速卖通类目选择

（2）产品基本信息填写如图4–64所示。

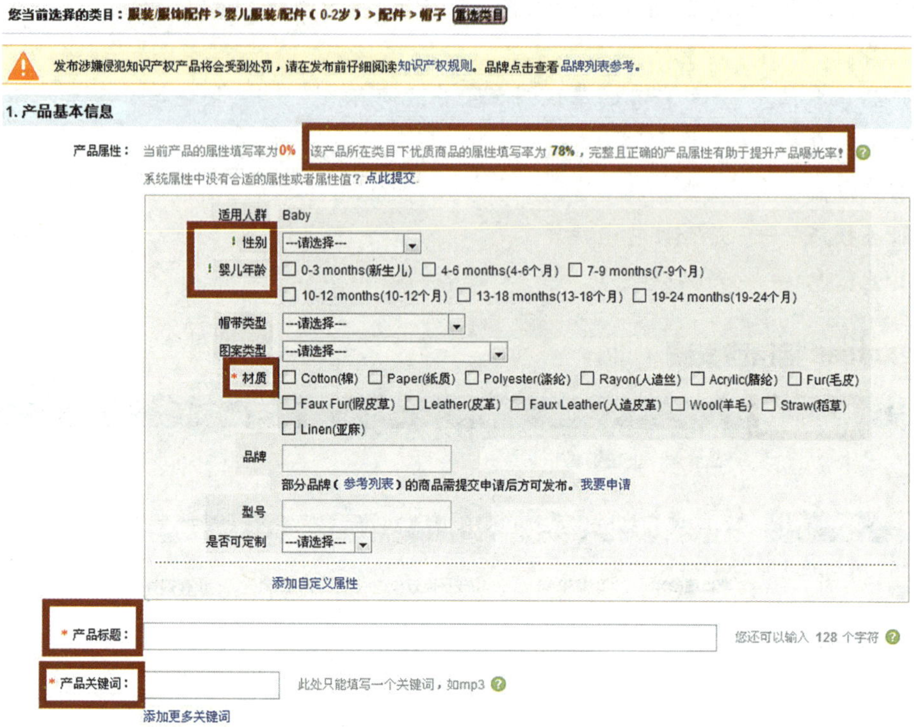

图4–64　产品基本信息填写

小贴士 ▶ 怎样才算是优质的产品？

影响卖家搜索排名的因素很多，简单来说概括为以下几大类：

- 商品的信息描述质量。
- 商品与买家搜索需求的相关性。
- 商品的交易转化能力。
- 卖家的服务能力。
- 搜索作弊的情况。

注意： 如果有相关的搜索作弊行为，将会大大影响商品的排序甚至没有排序的机会。

商品的信息描述质量：商品信息的如实描述是最基本的要求，可以帮助买家快速地作出购买决策。由虚假描述引起的纠纷会严重影响商品的排名情况甚至受到平台网规的处罚。

商品描述信息尽量准确完整，商品的标题、发布类目、属性、图片、详细描述对于买家快速作出购买决策来说都非常重要。

① 标题是搜索的非常关键的一个因素，卖家务必在标题中清楚地描述商品的名称、型号以及关键的一些特征和特性，使得买家一看就清楚地知道你卖的商品是什么，从而吸引其进入详情页进一步查看。

一个优质的标题，有几个关键的组成要素：款式、材质、形状、中心词、销售方式。中心词要切中买家习惯，标题的中心词切忌罗列堆砌，在设置的时候，要结合时下的热门关键词。同时，批发与零售要区别对待，如果产品是以零售为主，标题设置时通俗易懂即可；如果产品是以批发为主，那标题就要专业一些。

② 发布类目一定要选择准确，切忌将自己的商品放到不相关的类目，不但买家搜到的概率比较小，而且情况严重会受到平台的处罚。

③ 商品的属性填写要尽量完整和准确，因为这些属性将帮助买家快速地判断你的商品是不是他们想要的商品。

④ 商品的主图是商品的一个不可或缺的部分，买家更加喜欢实物拍摄的高质量、多角度的图片，因为这些能够帮助他们清楚了解你的商品，从而作出购买决策。

⑤ 详细描述的信息一定要真实、准确，最好能够图文并茂地向买家介绍你的商品的功能、特点、质量、优势，帮助买家快速理解。商品图片实物拍摄，美观、整洁、大方的页面排版设计，会吸引买家的眼球，提升你商品成交的机会。

上传成功后平台会审核，要经常关注审核不通过的产品，因为此时你可能已经违规且被扣分，如图4-65所示。

图4-65 审核不通过

关注邮箱里的邮件，查看审核不通过的原因并及时更改，如图4-66所示。

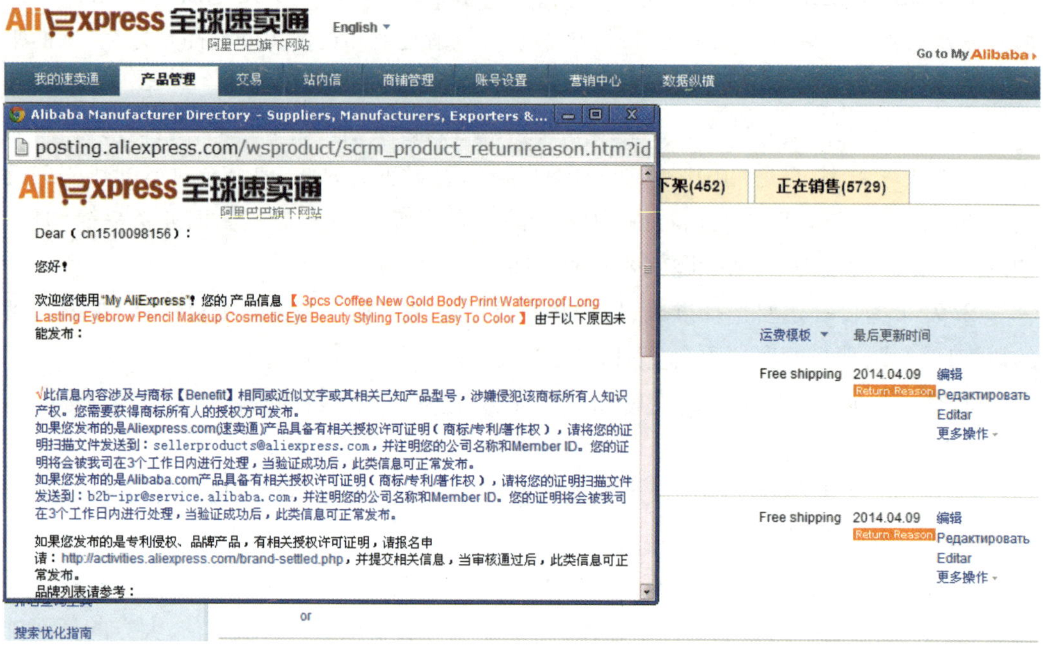

图4-66　审核不通过原因

第二步，产品信息的管理，如图4-67所示。上传产品后，可以通过模块更好地管理产品。描述产品信息模块包含两种：关联产品模块和自定义模块。

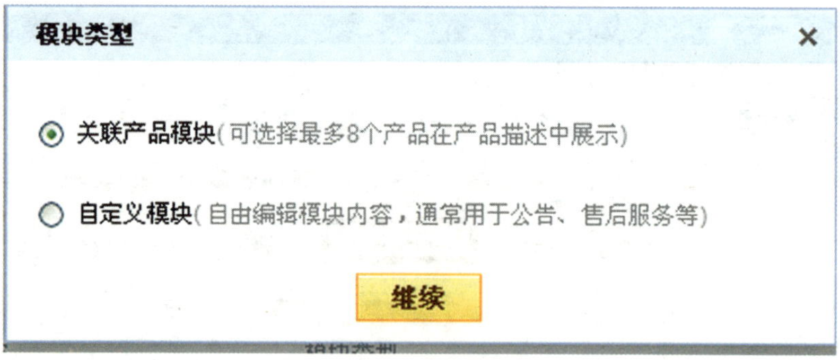

图4-67　添加模块

（1）关联产品可以促进交叉销售，一般放在描述顶端或底端，关联产品模块只能从销售中的产品中选择。

（2）自定义模块一般用于售后条款等，可以设置文字、图片。

产品信息模块建好后可以批量添加到在线产品中，如图4-68至图4-71所示。

图4–68　批量修改

图4–69　批量修改产品信息模块

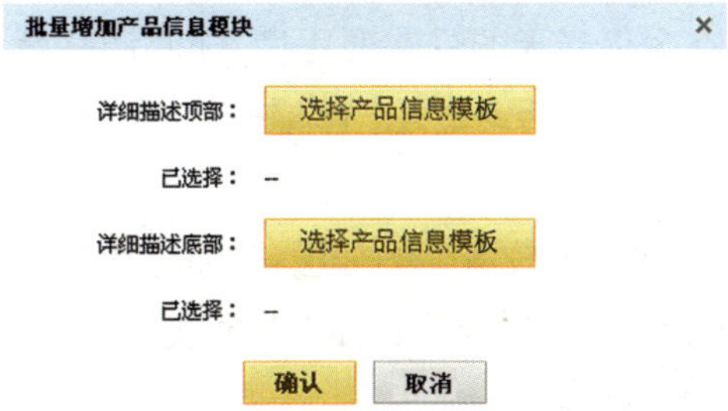

图4–70　选择产品信息模块

模块名称	模块类型	最后更新时间	操作
Baby Cloths	关联产品模块	2014.05.28	⊙
Hot	关联产品模块	2014.05.28	○
Wigs	关联产品模块	2014.05.28	○
Dress and Clothes	关联产品模块	2014.05.23	○
Clip in Hair Extensions	关联产品模块	2014.05.15	○
Weaving Hair Extensions	关联产品模块	2014.05.15	○
Human hair promotion	关联产品模块	2014.05.14	○
Baby Shoes	关联产品模块	2014.04.27	○

图4–71　批量修改关联产品模块

（十一）速卖通大促

1. 大促的意义

促销是营销者把刺激消费的各种信息传递给一个或多个消费者，以影响其态度和行为，说服或吸引其购买从而提高销量的一种手段。速卖通大促集聚网站全部力量，引入海量新力量，发放百万优惠券，组织千万优惠商品，吸引消费者集中消费，为卖家和网站带来交易额的跨越式提升。

2. 大促中的卖家

卖家数逐年有显著增加，绝大部分卖家在大促中完成店铺的升级。

3. 大促中的王牌活动

（1）俄罗斯团购：速卖通独创的“秒杀”活动，参与秒杀的商品一直以来都投放在大促主页曝光率最高的资源位。资源位免费，每小时更换商品，每期限量，超低一口价以及展示的都是爆品。

（2）主场会5折精品：大促主场会展示了所有优惠商品，这些商品将按照类目进行分类展示，系统会按照商品在大促当天的受欢迎程度，随时调整商品在类目下的排序。

（3）全店铺打折：除以上两种活动之外，全店铺打折是最主要的促销活动。

4. 卖家的大促计划

卖家对自己店铺的商品要有比较清晰的分层；商品优化至关重要；挖掘老客户的购买力是提升交易额的法宝；店铺的装修需要跟大促气氛相契合，为买家营造浓烈的购买气氛。

5. 大促的未来

在未来，大促将打造成让卖家提供海量优质、高性价比的商品，让全球消费者在这一天尽情购买的购物狂欢节，且以此不断提升速卖通在海外的影响力，吸引更大规模的消费群体源源不断地来到平台，最终给真正有服务能力，且专注于平台的广大卖家带来巨大利益。

四 Wish

传统的推广，比如打价格战、发EDM、做直通车、SEO优化、加入联盟推广、报名团购、玩弄平台的漏洞、疏通平台上层关系，这些对Wish是失效的。所谓的营销推广还是应该从产品本身入手。 产品描述主要包括产品标题、图片、Tag、产品介绍等。想要Wish流量高，就要做好以下要素的描述，并持续上新产品。Wish后台产品刊登如图4-72所示。

图4-72 Wish后台产品刊登

（1）标题。标题表述简洁明了，不要堆砌关键词，让消费者一眼就能了解产品。这里需要强调一下，Wish平台标题的搜索权重很低，卖家们不用花太大精力在标题上，简单明了就好，如图4-73、图4-74所示。

图4-73 Wish标题填写要求(一)

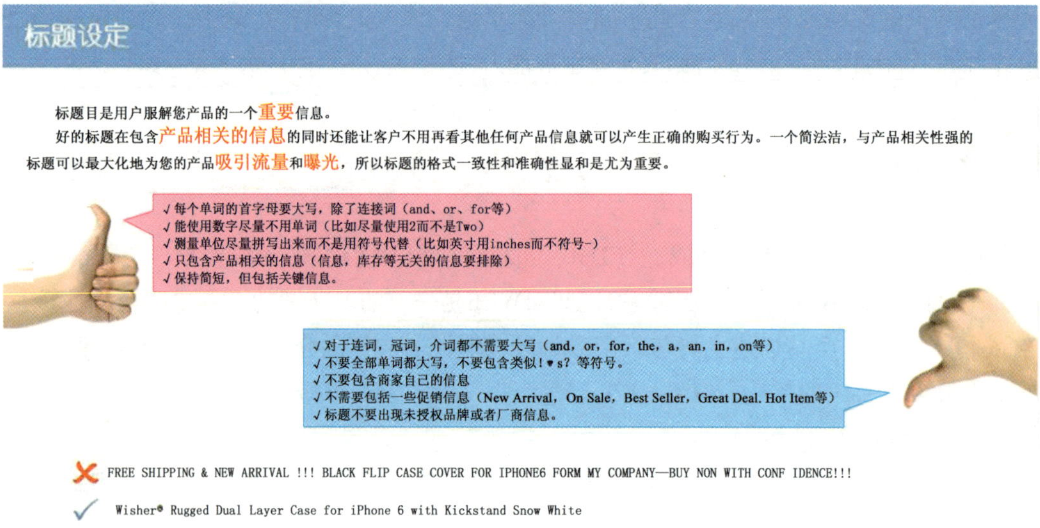

图4-74 Wish标题填写要求(二)

（2）图片。对于图片相信大家都有类似的经验，在手机上点击朋友圈的文章，如果加载超过3秒都无法打开，会直接关掉，这在移动购物平台也是常见的。一个产品如果加载时间过长，会令潜在准客户丧失耐心。加载时间长的原因在于图片文件过大，而决定图片大小的关键就是像素。很多人错误认为像素越大，图片越清晰。其实决定图片质量的是传感器和白平衡、锐度、噪点等的处理算法，建议采用像素为600px×600px且不超过800px×800px，正方形的，能凸显产品用途的图片即可。图片尽量多放些，要美观，全方位展示商品，如图4-75所示；利用图片上传一些产品使用介绍及说明，可以提高用户购买体验、降低退款率，如图4-76所示。

图4-75 Wish图片要求——展示图片细节

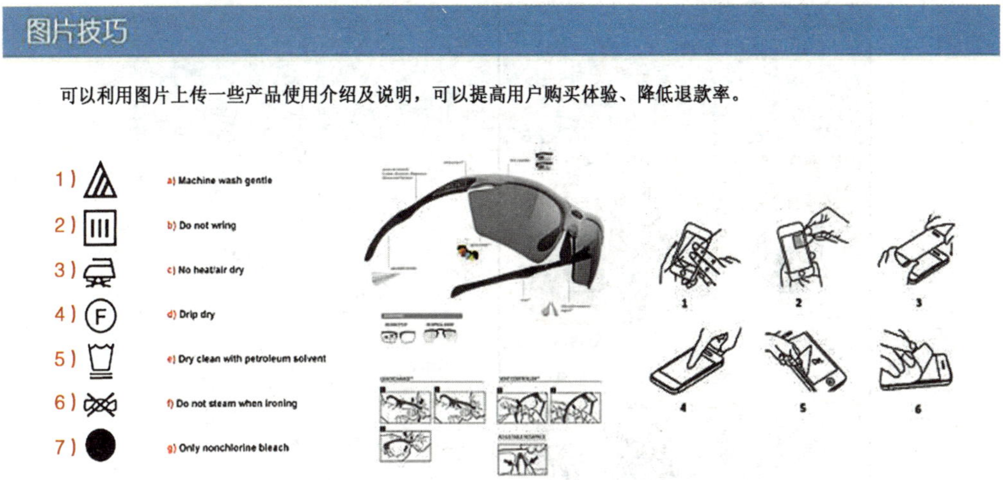

图4-76 Wish图片——上传产品使用介绍及说明

（3）Tag。Tag的搜索权重很高，Tag有10个，要全部写满。Wish也有treand的Tag，可供参考。多下功夫好好研究和关注手机端的建议或者流行的Tag。Tag要精准，一定要仔细优化，如图4-77至图4-79所示。

Tags

Type

String

Description

分配给源文件中每个产品的非层次结构关键字或关键词。此类元数据有助于描述商品和进行分类，且方便于在 Wish.com 上浏览或搜索时再次找到。每个产品最多选择 5 个。标签应用逗号分隔，但不能在各个标签中使用逗号。添加的标签越多，标签的准确性越高，用户找到您的产品的机率越高。每个产品最多 10 个标签，如果添加的标签超过 10 个，我们将忽略多余的标签。

Examples

- 可接受：Shirt, Men's Fashion, Navy, Blue, Casual, Apparel
- 可接受：Women's Fashion, Jewelry & Watches
- 可接受：Men's Fashion, Suits, Mafia, Silk Tie, Ties
- 不能接受：Clearance Items
- 不能接受：Cheap Cheap Cheap
- 不能接受（标签太多）：Fashion, Suits, Ties, Silk Ties, Men's Suits, Italian Made Suits, Italian, Men's Fashion, Hand Crafted, Silk, High Quality

OK

图4-77 Wish产品Tags填写要求

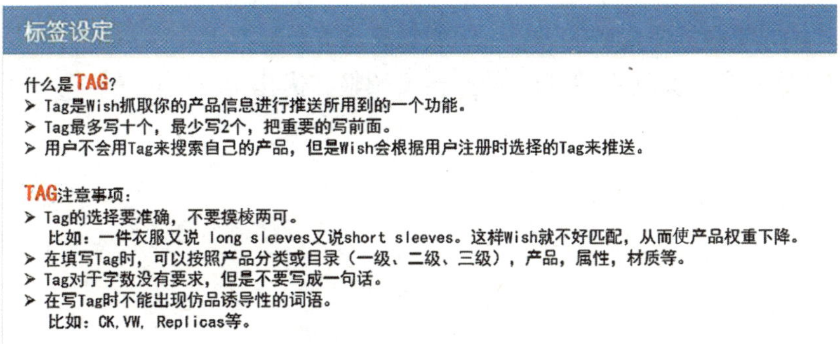
标签设定

什么是TAG?

> Tag是Wish抓取你的产品信息进行推送所用到的一个功能。
> Tag最多写十个，最少写2个，把重要的写前面。
> 用户不会用Tag来搜索自己的产品，但是Wish会根据用户注册时选择的Tag来推送。

TAG注意事项：

> Tag的选择要准确，不要摸棱两可。
  比如：一件衣服又说 long sleeves又说short sleeves。这样Wish就不好匹配，从而使产品权重下降。
> 在填写Tag时，可以按照产品分类或目录（一级、二级、三级），产品，属性，材质等。
> Tag对于字数没有要求，但是不要写成一句话。
> 在写Tag时不能出现仿品诱导性的词语。
  比如：CK, VW, Replicas等。

图4-78 Tag填写方法

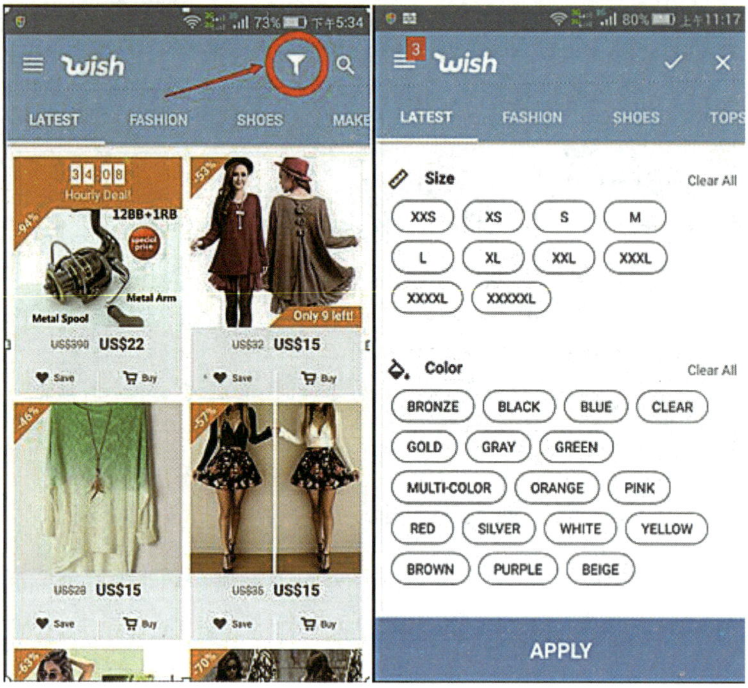

图4-79　Wish手机端

在整理和优化店铺时要根据后台数据来调整，Wish销售业绩分析如图4-80所示。

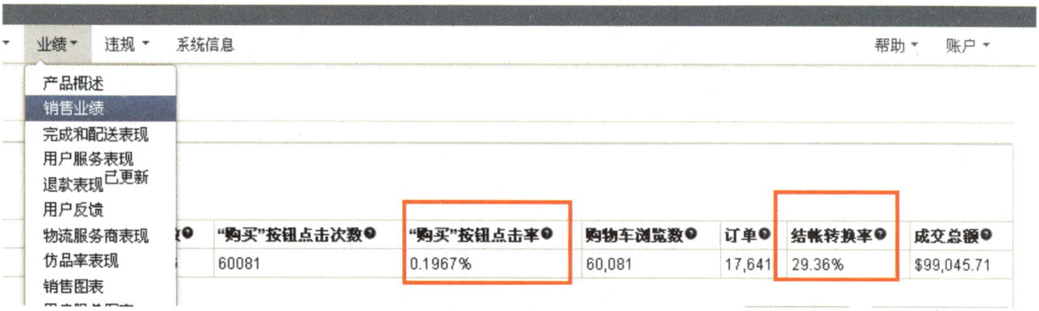

图4-80　Wish销售业绩分析

通常产品的收藏量要在5000件以上，转换率要在20%以上，购买点击率要在0.1%以上，这样的产品才是有价值的，否则产品是需要调整和优化的。

第5章 跨境平台站外推广

第1节 利用国外SNS营销推广

一、SNS (Social Networking Services)概况

社会性网络服务，专指旨在帮助人们建立社会性网络的互联网应用服务，也指社会现有已成熟普及的信息载体。SNS早已存在于我们身边，在不发达国家发展速度最快。卖家主要客户群体在国外，要用SNS营销带来更多的站外流量。SNS网站的理论模型为六度分隔理论。现实社会中，人与人的交流是通过人与人之间的介绍、握手来形成一个朋友圈、联系圈的，每个人不需要直接认识所有人，只需要通过他的朋友，朋友的朋友，就能促成一次握手。而普通的网络交际，则大多数通过某些平台来实现，如将自己放到一个平台中去，让很多人看到，并且联系你、认识你。

SNS营销可以满足企业不同的营销策略，其优势在于：

1. SNS营销可以满足企业不同的营销策略

作为一个不断创新和发展的营销模式，越来越多的企业尝试着在SNS网站上施展拳脚，无论是开展各种各样的线上活动(如悦活品牌的种植大赛、伊利舒化奶的开心牧场等)、产品植入(如地产项目的房子植入、手机作为礼品的植入等)，还是市场调研(在目标用户集中的城市开展调查，了解用户对产品和服务的意见)，以及病毒营销等(植入了企业元素的视频或内容可以在用户中像病毒传播一样迅速地被分享和转帖)，所有这些都可以在这里实现。为什么这么说呢？因为SNS最大的特点就是可以充分展示人与人之间的互动，而这恰恰是一切营销的基础所在。其次，SNS营销可以有效降低企业的营销成本。

SNS社交网络的“多对多”信息传递模式具有更强的互动性，受到更多人的关注。随着网民网络行为的日益成熟，用户更乐意主动获取信息和分享信息，社区用户显示出高度的参与性、分享性与互动性。SNS社交网络营销传播的主要媒介是用户，主要方式是“众口相传”，因此与传统广告形式相比，无须大量的广告投入，相反因为用户的参与性、分享性与互动性的特点，使人很容易加深对一个品牌和产品的认知，容易形成深刻的印象，从媒体价值方面来分析，易形成好的传播效果。

2. 可以实现目标用户的精准营销

SNS社交网络中的用户通常都是认识的朋友，用户注册的数据相对来说都是较真实的，企业在开展网络营销的时候可以很容易对目标受众按照地域、收入状况等进行用户的筛选，来选择哪些是自己的用户，从而有针对性地对这些用户进行宣传，并与之进行互动。如果企业营销的经费不多，但又希望能够获得一个比较好的效果，可以只针对部分区域开展营销，如只针对北京、上海、广州的用户开展线上活动，从而实现目标用户的精准营销。

3. SNS营销是真正符合网络用户需求的营销方式

SNS社交网络营销模式的迅速发展恰恰是符合了网络用户的真实需求——参与、分享和互动，它代表了网络用户的特点，也符合网络营销发展的新趋势，没有任何一个媒体能够把人与人之间的关系拉得如此紧密。无论是朋友的一篇日记、推荐的一个视频、参与的一个活动，还是朋友新结识的朋友，都会让人们在第一时间了解和关注到，并与他们分享感受。只有符合网络用户需求的营销模式才能帮助企业在网络营销中发挥更大的作用。

可充分使用当今主流的SNS网站进行站外引流，从而实现提高销量的目的。

二、卖家如何实施SNS营销

1. 利用SNS的阶梯效应

SNS中有众多客户，假设一个客户的SNS账户里有1000个好友，那么当他发布一条他喜欢的产品信息时，该信息就会被1000个人同时接收到，而假设受众是200人，那么这200人就会把这个信息转发出去。这就是SNS的阶梯效应。越是好的产品，在SNS社交圈内传播越快，所以要建立专业的口碑。

2. 了解客户喜好和商品受欢迎群体

可以通过SNS提供的搜索框，搜索到客户分享了什么内容，可以了解他们对新产品的反馈和喜爱程度。当然我们还要注意有选择地借鉴SNS上客户分享的信息，因为有可能他们只是为了得到某些优惠或者奖品而在朋友圈分享链接(如果分享后在短时间内就删除，那么很有可能是这种情况)。

3. 提升品牌影响力

信息在SNS中传播是阶梯式的，是以一层拓展到多层，多层继续往下拓展的方式传播的。所以它可以直接让你的产品有机会送达到更广大的客户群中去。好的品牌影响力，能够带来高的产品转化率。

4. 策划营销活动

比如采用赠送产品和抽奖活动来吸引客户并促使他们转发。

5. 推广品牌

品牌是每个卖家的灵魂，国外客户对品牌也有着很强的意识。借着SNS这个平台，企业可以体现出自己的专业性，展示研发实力、生产实力、产品综合实力和品牌实力。

6. 利用网红和名人效应

特别是在女明星的SNS中，不仅可以了解她们的日常生活，还可以了解到她们的时尚穿搭和美妆，引导更多粉丝的关注。

以solo歌手出击歌坛的少女时代成员太妍就曾在自己的SNS上上传了一张手持自然共和国人参蜂王浆丝柔面霜的照片，并在下面写“这是我最喜欢的产品哦”，如图5-1所示。

要知道，明星效应是非常强大的。明星在SNS上推荐的产品，粉丝十分买账，很多人看到明星都在用，对产品的好感度也会上升，从而产生购买欲望。

图5-1　SNS推广展示

三　SNS最有效的手段——转帖

“转帖”是目前各大SNS网站最火的应用之一，由于其是通过网友转发的形式传播的，能够像病毒一样快速蔓延，所以成为了SNS网站中最有效的推广手段。

1. 内容素材

转帖的主体可以是文字，也可以是文字加图片。形式不重要，关键是要吸引人，只有优质或有趣的内容才会更容易被转载。最重要的是一定要起一个能够引起用户点击欲望的标题。

对于转载内容，最好能适当地添加一些有趣味的描述或点评。最重要的是将想要推广的信息有效地植入到内容中。

2. 添加投票或观点

在发布转帖时，可以为内容设置互动观点。如果观点或投票比较有代表性，能够引起用户的共鸣，那将大大增加帖子的传播率。

3. 增加相关的链接

除了增加观点之外，还可以在帖子内将以往的帖子罗列出来，借此增加旧帖子的传播率和曝光度。

四 十大终极方法

1. 个性头像

有很多人喜欢将广告图片设置为头像，这不失为一个很普遍的方法，但是需要提醒卖家的是，广告头像要设计得有新意，不要给人一种很烦躁的感觉，越像普通头像越好。

2. 个人资料

我们可以直接在个人资料中将一些广告信息设置出来，如公司产品信息、网址等，然后将这些资料在SNS个人主页的显眼位置重点展示。

3. 日记

日记模块不但可以写日记，还可以发软文。此方法可以与转帖功能配合使用，即在发布完软文后，再将软文进行转帖。

4. 我的状态、记录

此位置最显眼，在特定情况下发布一些广告词是最合适不过的了。

5. 自动回复

SNS网站主打的就是插件游戏，而其中很多游戏内都有自动回复功能。比如在偷菜游戏中，偷别人的土豆和白菜时，就会显示主人提前设置好的提示。而对我们来说，这么贴心的宣传窗口当然要好好利用。

6. 宠物名字

可以直接把宠物的名字设置成产品名或广告词等。

7. 买卖好友

将知名度高、影响力大且好友数量多的人的名字设置成广告信息，会取得不错的营销效果。

8. 投票

在"转帖"这个插件没有火起来之前，投票是传播率最好的应用之一。具体的原理和操作手法与转帖也很相似。在推广时，通常设置一个比较能够引起大家共鸣的投票活动，然后把要推广的信息作为投票选项植入进去。

9. 好友印象

此功能可以直接为你的好友打上广告标签。

10. 圈子

SNS中也可以像QQ一样建立群。我们可以在其中建立自己的群，通过群去聚集目标用户，进行推广，也可以加入人气高的群，借助他们的人气进行宣传。

第2节 全球性SNS站点

国外有很多主流的社会化媒体营销的平台，其中Facebook、LinkedIn、Pinterest、Google+、Twitter这五类是商家最为热爱的社媒营销媒体，跨境电子商务营销人员应该懂得如何利用这些社会化的媒体做好产品或品牌的营销，提高产品的曝光率和网站的订单转化率。

一 Facebook营销

1. 定期更新状态，保持鲜活

这样可以保持你的档案页处于活跃状态。你可以在档案页上方的输入框里写点内容，一天一次也行，几天一次也行，但要让你的页面看上去引人注目。

2. 组建和加入群组

可拓展好友，可扩大影响，群组功能是社交网站的核心功能之一。为了更好地使用Facebook，应建立一些群组，这样可以更好地进行内容过滤。Facebook的列表和Facebook的其他群组功能(页面)不同，在Facebook主页点击"更多(more)"链接，就可以创建一个新群组。

3. 增加Facebook好友

提醒粉丝点击"Like"和"share"按钮，一个fan page在最初的时候很少有互动，所以在这个初级阶段，可以向你的朋友主动地发送信息，可以让他们在一些话题讨论中予以帮助，最后公开地予以他们奖励或者帮助他们。

4. 找出好的Facebook应用

从2007年5月变成一个开发者平台之后，Facebook上出现了大量应用，质量参差不齐，最好的建议就是找到最能满足你的兴趣的应用。可在目录里通过关键词进行搜索。

5. 通过其他渠道补充内容

可通过不同的地方发布内容，如RSS、YouTube，以及其他社交网站。如果发布内容网站不太知名，你可以通过Friendfeed等网站对这些feed进行聚合。如果Friendfeed聚合了过多内容，不要把Friendfeed内容导入到Facebook，这会让 "Wall"超载，由此很可能对那些订阅你的Friendfeed的用户造成干扰。

6. 促销的办法

个性优惠码促销法，用些可自设的徽章/标签奖励他们或者给他们以优惠。

二 LinkedIn营销

绝大多数的用户是为了销售产品、寻找合作伙伴或者找工作而想要在LinkedIn上结识某个人。LinkedIn在达到这些目的方面是很有效的，因为这个巨大的在线人际网络中有超过850万有经验的专业人士，他们遍布全世界，分别从事着100多个行业。

1. 提高可见度

如果你添加更多的联系人，当人们要寻找一个雇员或者生意伙伴的时候，你的资料被首先看到的可能性就会增加。这不但是因为你在搜索结果中排在前面，而且人们更愿意与自己的朋友认识并且信任的人打交道。

2. 增加建立更多联系的机会

大多数新用户只在自己的资料中写上现在所在的公司，这严重地限制了他们与更多的人建立联系的机会。你应该像做一份专业的个人简历一样填写你的资料，要写入过去工作过的公司、教育背景、重要的社会关系，以及参加的活动。你还可以在你E-mail的签名中加一个链接，连到你在LinkedIn上的资料页面。

3. 提高你个人资料页面的Google PR值

LinkedIn支持你的个人资料页面供搜索引擎建立索引。人们可以在此搜索到关于你的信息的所有内容，有助于LinkedIn的个人资料页面在Google获得比较高的PR值。

4. 做搜索引擎优化

除了你的名字，你还可以将你的博客或者网站推广到像Google和Yahoo这样的搜索引擎，你在LinkedIn上的个人资料还可以帮助你宣传网站。其中包括了一些预设的信息项目，如“我的网站”“我的公司”等等。如果你选择“其他”，你就可以修改链接显示的文字；如果你想链接到你的个人博客，那么就写上你的名字或者描述性的词汇。

三 Pinterest营销

Pinterest以图片和视频为基本组成元素，允许用户“pin”图片和视频到他们创建的集合“pinboard”里，图片和视频可以是本站内转发别人上传的内容，也可以是从外站采集过来的内容，人们可以对别人的“pin”转发、评论、喜欢。“pinboard”的父集为网站设定好的分类，用户自己或者别人都可以对“pinboard”进行分类。页面底端自动加载无需翻页功能，让用户不断发现新内容。很多国外报道显示，Pinterest不仅能够提升用户的品牌感知，还可以驱动购买行为。关于如何利用类Pinterest网站做社会化营销，国外已经有很多研究。

1. 分享你的商品

最基本的方法就是在类Pinterest网站上将你的商品分享给别人。通过创建品牌所有的商品或者服务集合，挖掘消费者潜意识中的消费兴趣，并促进购买转化。

2. 创建大事件相关的集合

将品牌的重要营销事件放在一个集合里，并且突出显示事件中的嘉宾、重要参与者。一方面，与微博单条信息承载内容太少相比，这种方式对营销事件有了系统性的介绍；另一方面，事件中的嘉宾、重要参与者会参与到和这个集合的互动中来，从而产生病毒传播效应。

3. 建立品牌的视频集合

将关于你的品牌的产品、服务或者病毒营销相关视频放在一个集合里。目前各个类Pinterest网站的视频都是通过浏览器插件或者地址栏书签的方式将网站的相关视频进行采集，不可以直接上传。但值得一提的是，越来越多的网站支持将视频采集到Pinterest。目前除了YouTube，Vimeo也支持将视频分享到Pinterest。

4. 与博客的有效打通

之前曾经写过一篇文章《不同社交媒体对消费的影响之我见》，里面提到博客对于品牌营销的重要性，那么如何将博客的价值在类Pinterest网站中进行体现呢？你在博客中用到的图片也可以被分享到类Pinterest网站，有冲击力或者有参与性的图片将会使人们对这篇博客产生好奇心，并进一步点击到品牌博客去了解具体情况。

5. 做好信息的二次传播

当你上传你的商品到类Pinterest网站时，你需要想尽办法将信息最大化地传播并为你的网站带来流量。在创建集合名称和填写集合描述时，请使用目标关键词，以便影响到目标消费者。你还可以将品牌在类Pinterest网站上的图片和视频分享到其他社交网站，比如微博等，从而为你的网站带来更多的流量并提升网站搜索引擎的rank值。

四 "Google+"营销

目前谷歌仍在找寻适合自己的社交战略，"Google+"已经拥有了足够的曝光度。目前"Google+"的几个功能要强于Facebook和Twitter，特别是在隐私和视频聊天方面。以下就是"Google+"比Facebook和Twitter强的五大功能：

1. 圈子

"Google+"的功能可以让用户很好地管理关注的人和分享的话题。利用圈子功能，用户可以发送状态更新至特定的群组。比如说，用户可以创建一个喜欢音乐的朋友圈子，那么他就可以只在这个圈子内分享他刚创作的音乐录影带。Facebook和Twitter也提供选择性分享的功能，但它们的功能有点混乱。用户可以阻止Facebook上某个群组的更新，但真的要实现却很费时间。对于Twitter来说，用户要么将自己的个人资料完全公开，要么就完全私密，除此之外就没有其他的选择。

2. 视频群聊

“Google+”另一个常被提起的功能就是视频群聊(Hangouts),它可以让用户最多同时和25个人进行免费视频聊天。当用户聊天时,每个交谈对象都会出现在小盒子中,说话的人则会出现在顶部的大窗口中。虽然最近Facebook和Skype合作,将视频聊天引入Facebook,但它只支持一对一的聊天。

3. 移动功能

“Google+”目前已经发布了Android和iOS应用,两边的应用都对移动人群进行了极好的支持。除了查看更新和观赏视频等基本功能之外,移动应用还具备名叫Huddle的群组聊天功能。和Facebook和Twitter的应用不同,“Google+”的移动应用允许用户同时和多位朋友聊天,大家可以一起制订计划或消磨时间。

4. 数据下载

向用户提供个人数据下载和方便的更新功能,在主流社交网络中,“Google+”是第一个。谷歌全新的Takeout服务允许用户从谷歌服务器上下载自己保存的数据。例如,用户想在明天退出“Google+”,它可以在销户前方便地下载自己的状态更新信息。

5. 灵感话题

灵感话题(Sparks)应该是“Google+”中未被充分使用的功能之一。这项功能让用户按照兴趣话题或爱好,找出自己喜欢的视频或文章等内容。每块内容的底部都会有一个分享按钮,用户可以很方便地将内容分享给圈子里的好友。灵感话题位于“Google+”左侧工具栏的最底部,很容易被忽视,首次进入后,它的功能也给人很狭隘的感觉。它预设的兴趣有骑行、时尚、食谱、跑车、Android和机器人等话题。但在页面的最顶部它也提供了搜索栏,用户可以搜寻自己感兴趣的话题。

五 Twitter营销

Twitter是即时信息的一个变种,它允许用户将自己的最新动态和想法以短信息的形式发送给手机和个性化网站群,而不仅仅是发送给个人。2006年,博客技术先驱bloggercom创始人埃文·威廉姆斯(Evan Williams)创建的新兴公司Obvious推出了Twitter服务。Twitter是一个可让你播报短消息给你的朋友或“followers(跟随者)”的一个在线服务,它同样可允许你指定一些你想跟随的Twitter用户,这样你在一个页面上就可以读取他们发布的信息。

Twitter让用户的交流恢复了更日常的方式,正如其英文名称可以被翻译成“叽歪、嘀咕、念叨”,它就像日常生活中人们经常做的,就琐碎事件发表零散看法。虽然它算不上一种技术革新,但确实推动了对于互联网的理解的深化,它提升了网络表达的真实性。

Twitter使用非常方便,用户可以通过网页、手机,甚至IM工具如Gtalk,随时把信息发到网上。正是由于这种方便性,Twitter的访问量飞速增长。流量监测公司Compete的数据显示，2008年11月Twitter独立访客数量达到了350万人次，用户重复访问率在50%以上，其中近25%的访问者属于重度使用者（每月访问6次以上），另外25%是轻度使用者（每月访问2~5次）。Twitter的用户特征明显倾向年轻化和男性化。

第3节 具体网站的对外推广策略

一 速卖通

（一）联盟营销

联盟营销是一种按效果付费的网络营销方式，卖家通过联盟营销渠道收到订单，按照事先设定的交易比例支付佣金，成交收费、不成交不收费。卖家可通过成交详情表知道交易情况。如图5-2、图5-3所示。

首次使用需开通，加入联盟计划，然后设置佣金比例。

图5-2 速卖通联盟营销

(a)

(b)

图5-3　加入联盟营销计划

加入联盟营销后，可以设置40个主推产品，如图5-4所示。

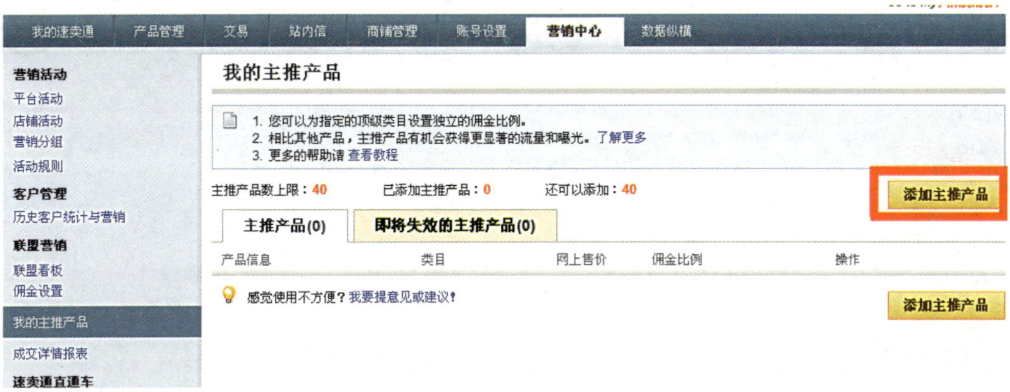

(a)

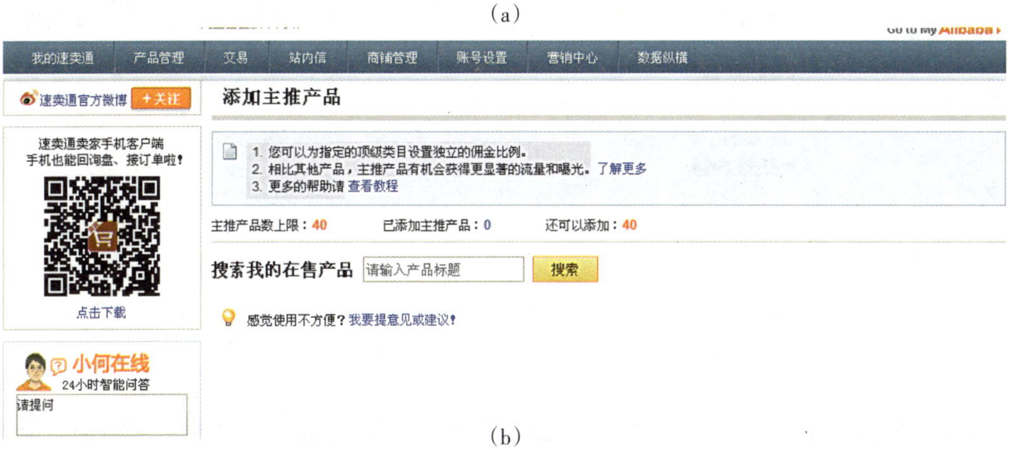

(b)

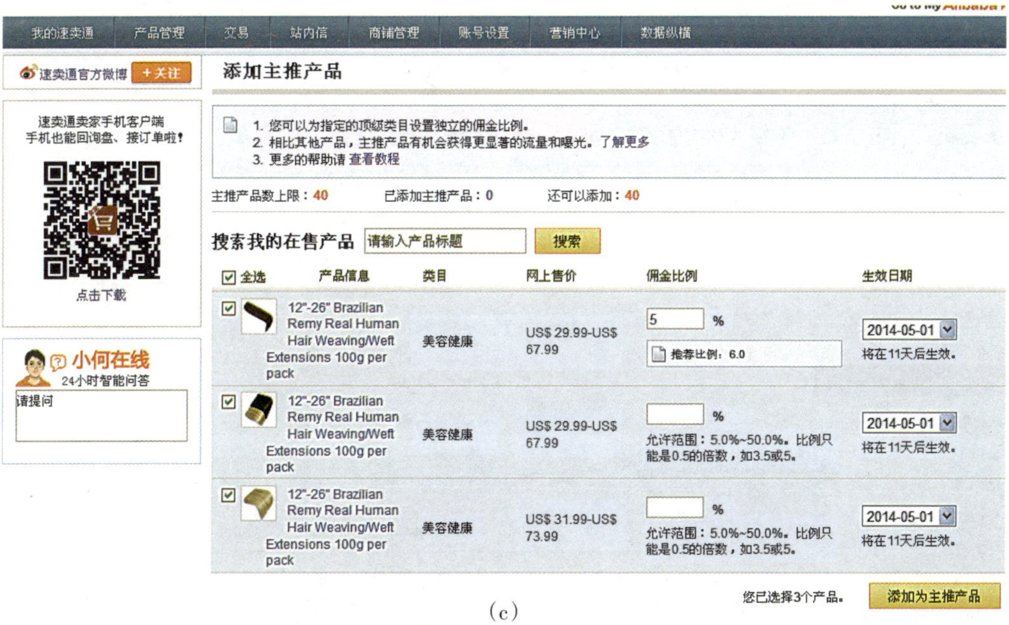

(c)

图5-4 添加营销产品

佣金比例是自定义的，每月的1日、10日或20日生效。联盟看板如图5-5所示。

图5-5　联盟看板

查看成交详情如图5-6所示。

图5-6　成交详情

（二）Facebook营销方法

用Facebook来做营销的最重要的一点，就是要通过各种方式让更多客户参与到活动中来，从而将更多的潜在客户有效地组织起来；其次运用讲故事的方法引起人们的共鸣。网络只是一种途径，速卖通将线上和线下联系在一起，举办相关活动。通过Facebook专页小组活动，我们跟客户有很好的互动交流，认真听消费者的声音并及时给予回复。Facebook上最适合发布信息的时间为各国当地时间周六，其次是周日。

（三）速卖通有联盟营销、SNS营销等对外推广的方法

这些方法将各个卖家联合起来，在速卖通平台的组织和宣传下，提高平台知名度、对商品的购买率等等，以实现平台和卖家的共赢。

二 amazon

在amazon平台上的运营与推广策略和国内电子商务平台大有不同，如果想参加amazon平台组织的促销活动，要根据商品以往的销售记录和综合评分来判断是否可以入选。除了之前提到过的站内推广，amazon卖家也有着独特的站外推广策略。

amazon的外部流量更多的是来自社交媒体，如Facebook、Twitter、Pinterest等，即在这些社交媒体上发布一些软文，推广一下品牌和产品，引导这些媒体的使用者点击产品，引进流量。

站外推广的方式最好在国外热门、知名的网站平台上推广，这样引进来的流量才是含金量高的流量，使转化率更能达到效果。如果你的商品进入了这些平台，则它们将在消费者的心里被打上值得信赖的标签，因为他们会认为那些平台的门槛那么高，你都可以进去，且后期那些点击店铺的流量会持续增加，可让产品的信息裂变式地推广出去。

amazon的几种推广渠道：

（1）如果你不熟悉推广，那么你得请求帮助，请求第三方服务商的一个平台的帮助，如fiverr、elance、freelancer 等。

（2）视频引流。热门的视频站点有YouTube、Vimeo、Dailymotion.com等。操作方便的可以选择YouTube，它制作和上传视频都比较简单，而且人工搜索红人也快。但是对一般产品来说，视频引流转化率可能会偏低，但对于热门商品和低价产品是比较有效的。

（3）社交引流。社交平台实在太多，多得让很多人无从下手，如Facebook、Twitter、Pinterest、Quora、VK。你想在这些社交平台引流，就要尽量拥有一群你自己的粉丝和认同你的群体。最直接的做法是使用群组功能，加入群发促销，在竞争对手的留言下面留链接，如图5-7至图5-9所示。

图5-7　社交平台

（4）博客、博客群。

① 你可以自建博客，一个或者多个都没有问题，软件直接读取Slickdeal的数据，Slickdeal更新则你的博客也就同步更新，慢慢地就会吸引不少人，建议将自己的产品占50%，另50%放别人的产品。

Slickdeal是在国内还没有的一类网站，在美国，很多人工资不低，但是他们不愿意把自己的钱拿去花在价格虚高的东西上，因此就有了像Slickdeals、Fatwallet、Deaknews、woot等促销、折扣信息网站。这类网站的折扣信息是一年都有的，而且真的能省不少钱甚至赚钱。这些网站信息渠道很多，促销折扣包含了主流的电子商务平台，诸如amazon、eBay、Newegg等。

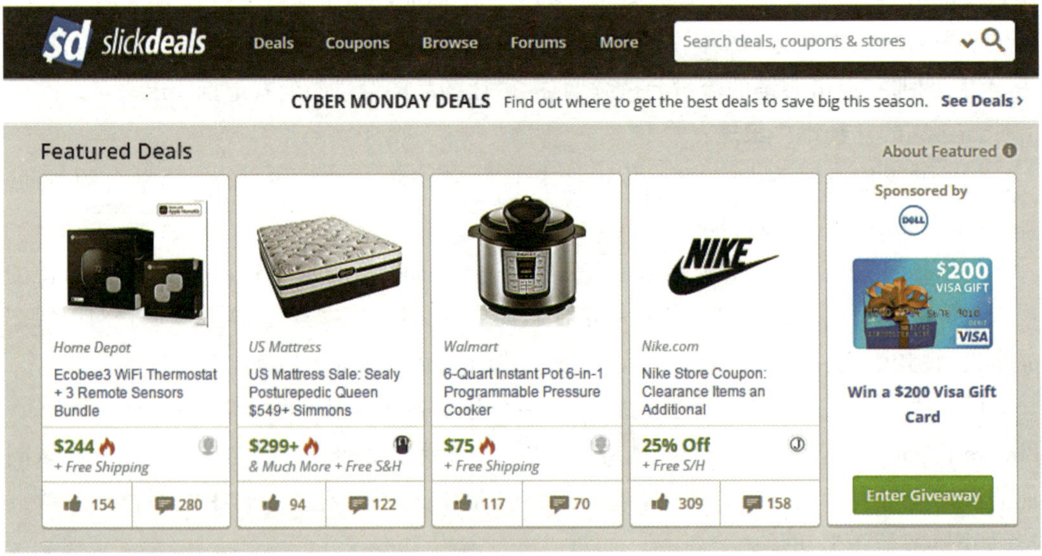

图5-8　Slickdeal平台（一）

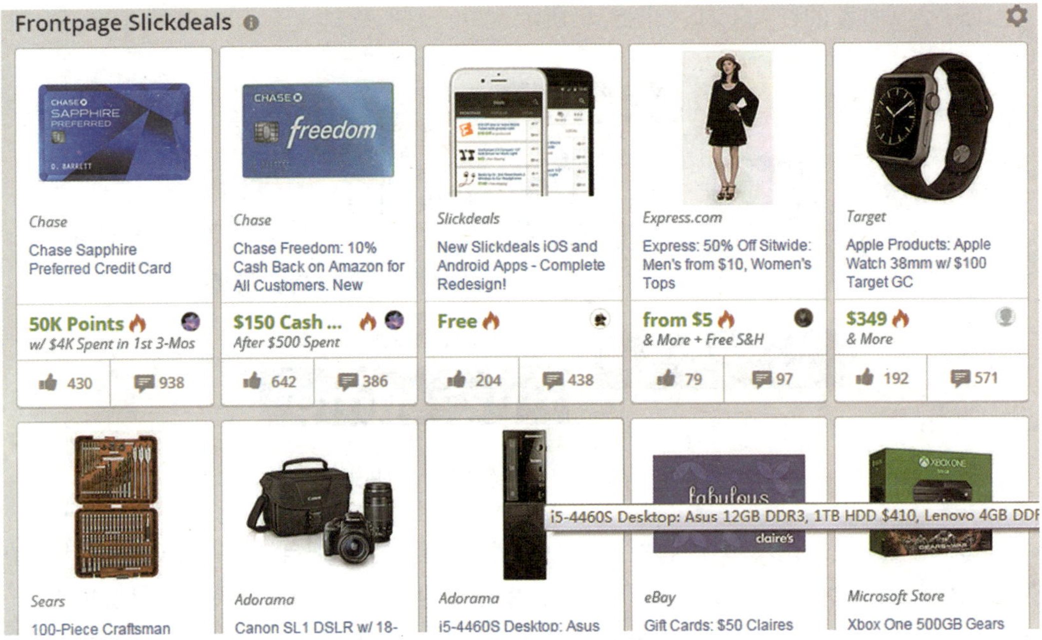

图5-9　Slickdeal平台(二)

② 找博客。如果你想人工找博客，可以尝试一个个联系，如你是做电源的，那么你的对手是Ravpower，请你搜索Ravpower Blog，则页面上会出现很多博客提到或写到Ravpower电源的介绍和卖点。第三方博客平台如图5-10所示。

③ 第三方博客平台如Blogdash，加进去你可以找到很多博主。

④ Lifehacker引流。Lifehacker全球排名300多名，流量是十分可观的。

图5-10　第三方博客平台

（5）大W推荐的红人工具，如图5-11所示。

图5-11　大W推荐的红人工具

（6）论坛引流。论坛引流有两个方法：一种是自己发帖，把自己的产品以及店铺活动发布在相关论坛中，虽然流量不大，但是转化率还是很高的；另一种方法就是付费进去，开个自己品牌的分论坛，但是不一定有很大流量。只要是有中国品牌在的论坛，你也可以在里面发，只是方式要自己摸透。

（7）Coupon站，如图5-12所示。

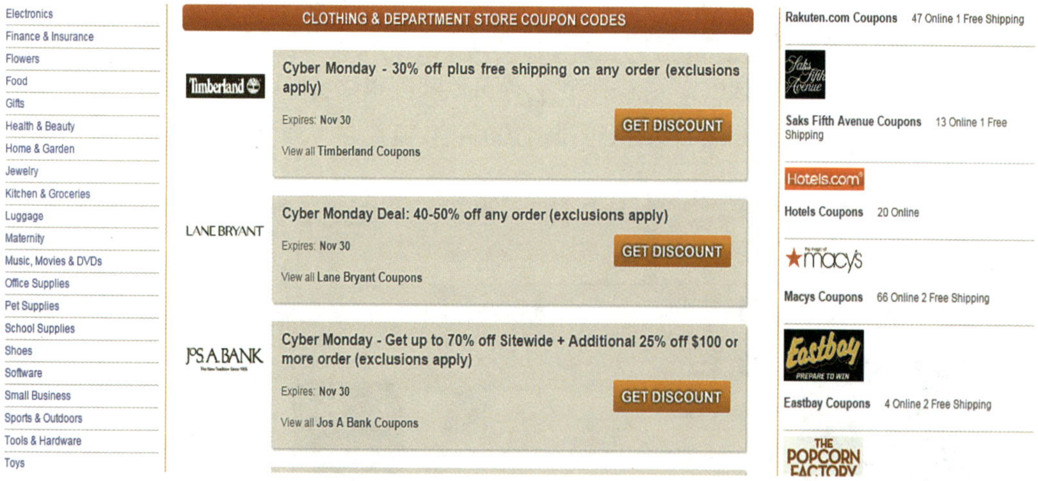

图5-12　Coupon站

Retailmenot站排名很高，是允许免费提交Coupon的，效果还好。还有部分Coupon站也可以，如图5-13所示的是Retailmenot站关于圣诞节的主图的产品推荐。国外的买家经常通过这些网站来大致确定自己要选择什么样的产品，因此在这些网站中观察产品热度从而对自己的产品加以包装，也是一种十分有效的方法。

图5-13 Retailmenot站关于圣诞节的产品推荐

大多数情况下应该在你加入amazon联盟后才能进入更多的Coupon站。

（8）Deal 站（www.reddit.com）引流。这个Reddit流量很大，可惜转化不能保证，如图5-14所示。

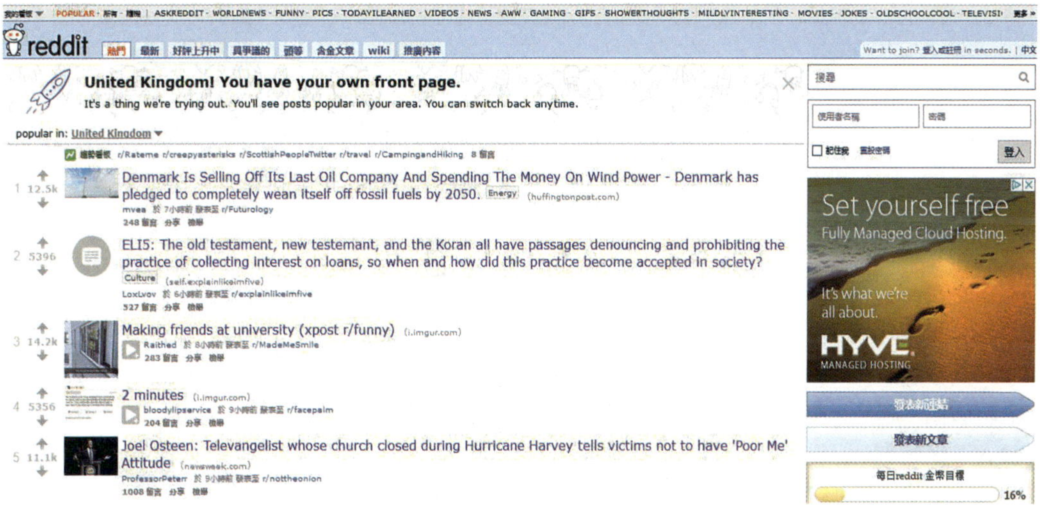

图5-14 Deal 站引流

Slickdeal是amazon流量最大的外链网站。当然如果你做得不好，可能只有100多个订单，或者被封；如果你做得不错，可能会有几百个订单；如果你每次都做得不错，那么就可能会有1万个订单。只有一两个Deal站是不够安全的，因为发Deal的间隔决定了你会有一定的空档期。

这种情况不用太过担心，因为每个国家都有每个国家的Deal站，加拿大有 Redflagdeal（图5-15）；法国有dealabs；英国有hotukdeal、Wowcher、Kgbdeals；西班牙有tringa、LetsBonus；俄罗斯有mysku；美国有dealnews、woot.com；日本有racoupon.rakuten.co.jp（图5-16）、ponpare.jp、kakaku.com等。

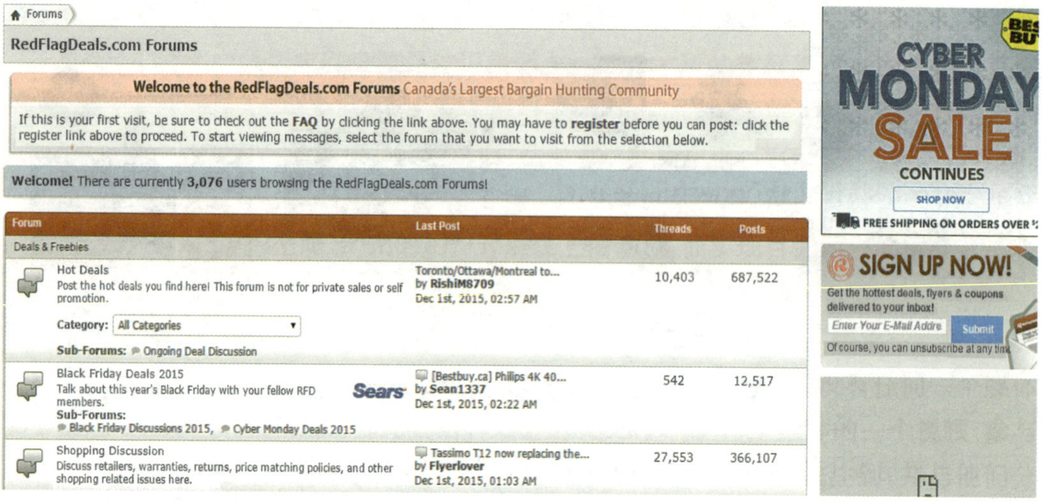

图5-15　加拿大的Redflagdeal

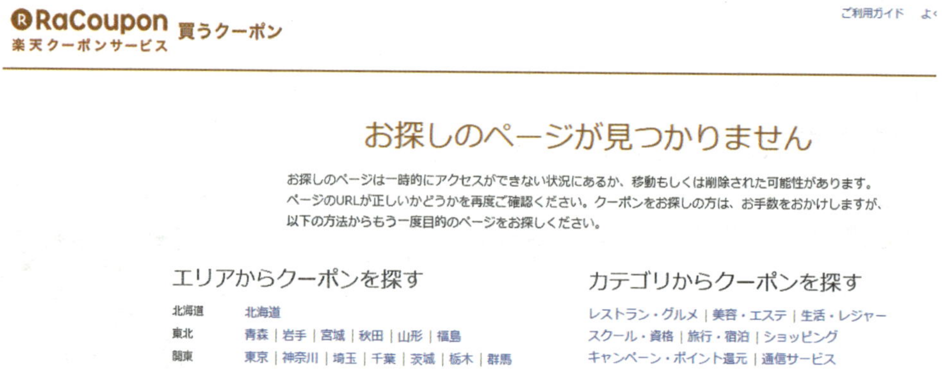

图5-16　日本的racoupon

三 eBay

eBay有一个很大的特点，就是没有付费流量。在这个平台上你花钱也买不来流量，因为它是自然流量，受市场影响，不受个人影响，而eBay站内流量是非常大的。对于eBay来说，转化最好的就是eBay自然搜索流量。自然搜索流量在eBay中占据最多的就是Best Match，第二个是拍卖。在创立之初eBay就是一个拍卖网站，到今日eBay在销售方式上依然延续了拍卖的模式。当然也有一些别的推广方式，如站外的社交推广、视频推广、分类信息推广等等。但是，对于eBay来说，转化最好的就是eBay自然搜索流量。如果说你能够花费较少的精力及资金就能够引来大量的站外流量，那就可以做站外的流量；如果你不能，建议多花些精力研究自然搜索。

Best Match：它是eBay推出的默认“搜索结果/ Research Results”排序方式，该排序将依据特定的条件对每件物品进行综合评分排列。

即将结束时间(针对"拍卖"):即"拍卖"物品的下架时间。

卖家详尽评级(DSR):"Top Rated Seller"的商品一般排名较为靠前。

买家满意度:指纠纷率/好评率。

Listing"标题"相关度:搜索关键字与最终成交商品的标题、关键字间的匹配。

价格/运费:免运费物品的排名比高运费或运费不明的物品的排名好。

四 Wish

Wish是一个新兴的移动电子商务平台,其在App上销售的产品物美价廉,包括非品牌服装、珠宝、智能手机、淋浴喷头等,大部分产品都直接从中国发货。Wish是在移动互联网发展中诞生的,和其他电子商务平台最大的区别在于它是基于手机端App的运用,买家都是通过移动端浏览和购物的。Wish在向用户推荐商品时基于一种特别的算法,这种算法不仅基于消费者购买的商品,同时基于他们查看而最终拒绝购买的商品。与eBay和amazon的推荐方式(通常按价格排序)不同的是,Wish通过自己特殊的算法计算用户可能感兴趣的产品。Wish跟eBay类似,也是一个纯粹的第三方在线集市,零售商需要自己解决快递问题,这也就意味着Wish不需要在库存上花费成本,企业的管理费用开支更小。因此,Wish上每笔交易的价格都会便宜15%。

根据用户在注册时填写的基本信息,加上后期浏览、购买的行为,系统会为用户打上标签(Tag)并且不断地记录和更新用户的标签,根据用户多维度的标签推算买家用户可能感兴趣的商品。Wish平台淡化店铺概念,注重商品本身的区别和用户体验的质量。在发展中的Wish会根据买家的体验来优化计算方法和推送产品。

Wish用户来自Facebook,那么我们Wish卖家在找买家时,可以运用逆向思维,通过Facebook找到Wish所有用户,并精准找到他们的购物喜好,这比系统匹配Tag更主动。下面我们看一看如何找到Wish用户以及他们的购物喜好。

1. 利用搜索功能找到Wish买家信息

利用Facebook的搜索功能来寻找精准买家,在搜索框里输入People who like Wish,然后所有的Wish用户就会尽收眼底,或者利用Facebook的图搜索功能寻找。例如,在图搜索框里输入"Pages liked by people who like"(可加所需要的产品名称),或者瞄准兴趣用户,输入"Favorite interests of people who like"(加兴趣爱好),推送到精准的兴趣领域。还可以输入"Pages liked by Marketers who like",通过过滤职业,找到更有支付能力的买家。Wish卖家可以活用Facebook搜索功能,把你想要的精准用户信息包括年龄、职业、兴趣爱好、产品类别等融合在一起输入搜索框进行搜索,就可以得到你想要的用户信息。比如输入"Favorite interests of women over the age of 25 who live in United Kingdom and who like"就可以得到相关信息,如图5-17所示。

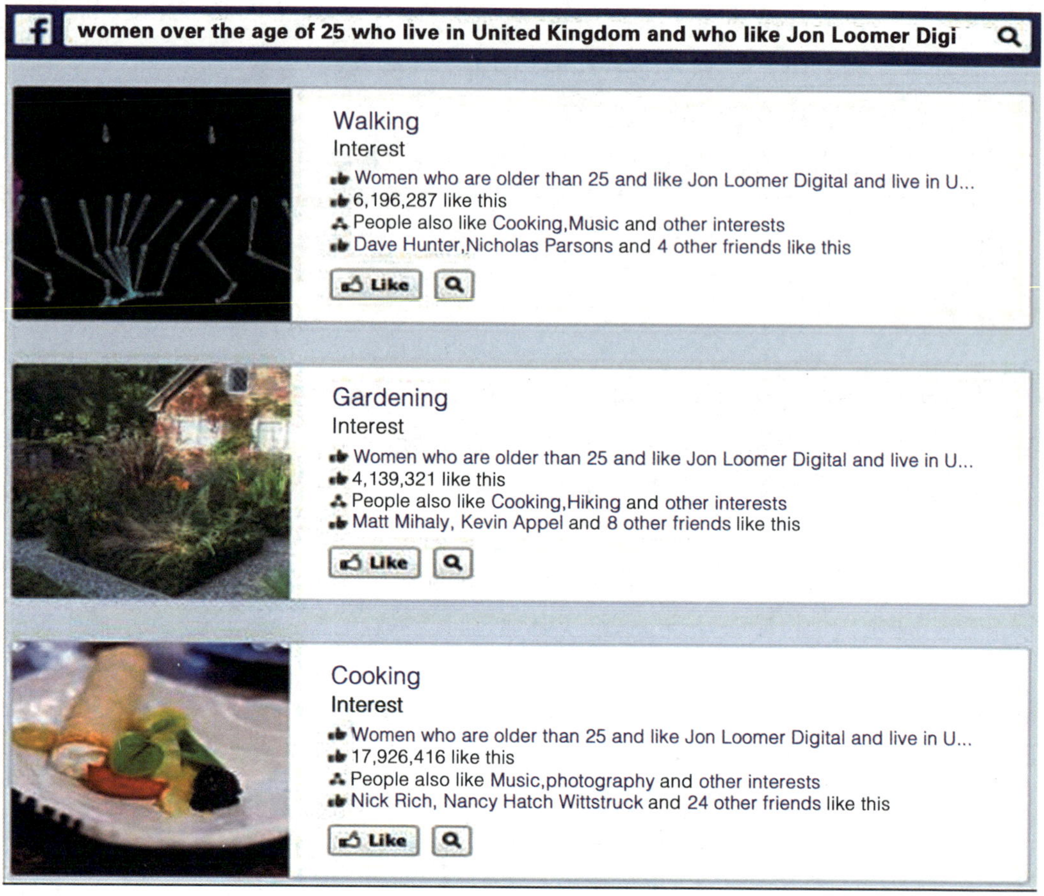

图5-17　利用Facebook搜索功能

由于Wish用户都是来自Facebook，所以这一方法只适合Wish，做速卖通的或者eBay、amazon的卖家不建议用此方法。

2. 导出信息

在运用搜索语句获取到数以百万计的精准用户后，我们就需要用Socialleadgold 5.0 Super Engine将他们快速导出。方法如图5-18至图5-20所示。

图5-18　socialleadgold.com(一)

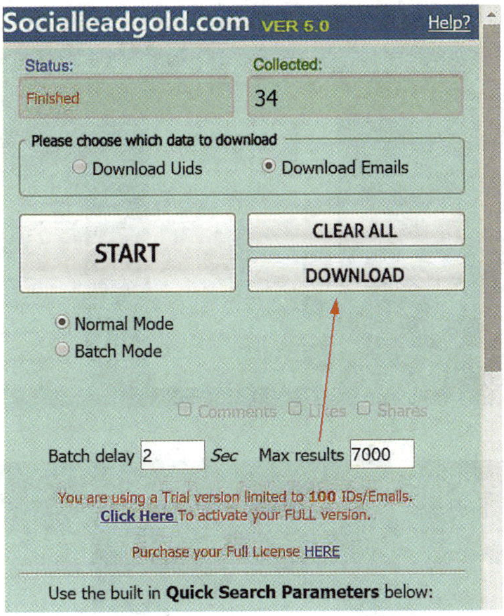

图5-19 socialleadgold.com(二)

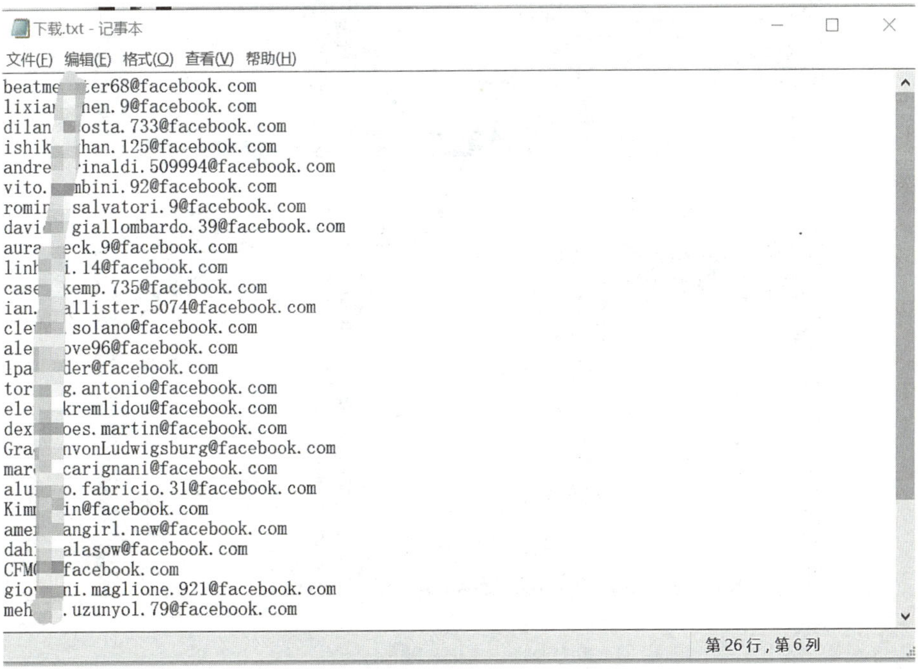

图5-20 socialleadgold.com(三)

用户信息导出后，将Wish与Twitter做一个关联，然后再将Twitter与Facebook关联，这样一键关联之后，选择公开，以后在Wish App上选择合适的产品分享推送到Twitter，自动就会在Facebook和其他所关联的社交平台显示，有图有链接，最重要的是他们都是使用Wish App购物的买家。点击即可跳转到下单，轻松完成购买决策，如图5-21所示。

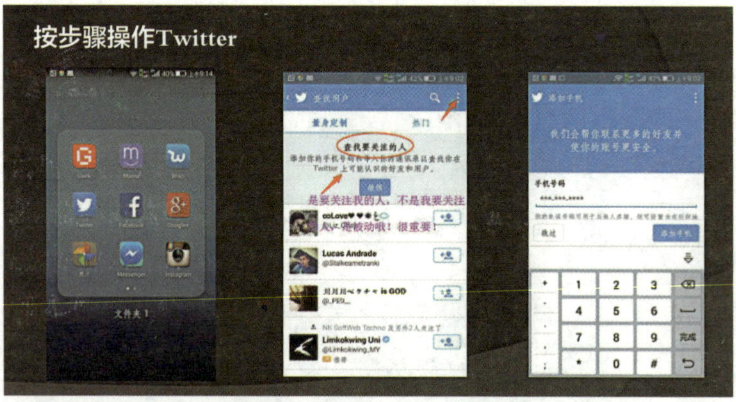

(a)

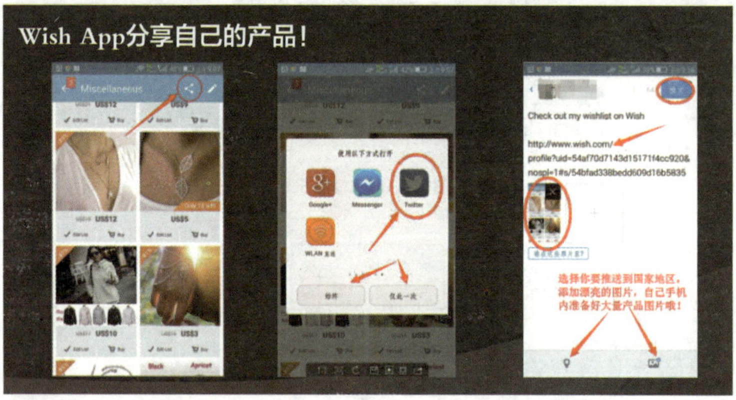

(b)

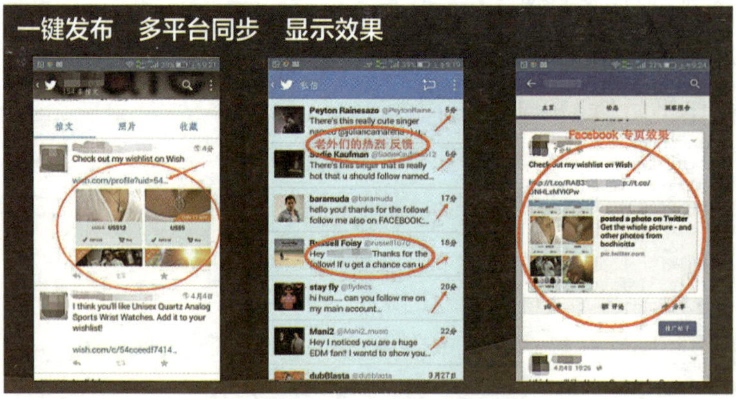

(c)

图5-21　Twitter网站关联

3. 精准投放

可以运用Facebook的Custom Audience功能，利用插件Power Editor导入之前导出的精准产品兴趣用户进行营销。如何利用插件Power Editor导入之前导出的精准产品兴趣用户，Facebook精准投放具体操作如图5-22所示。点击链接https://www.facebook.com/ads/manage/powereditor，进入POWEREDITOR界面，导入自己的Facebook广告。但是这个是需要付费的，卖家可根据个人情况使用。

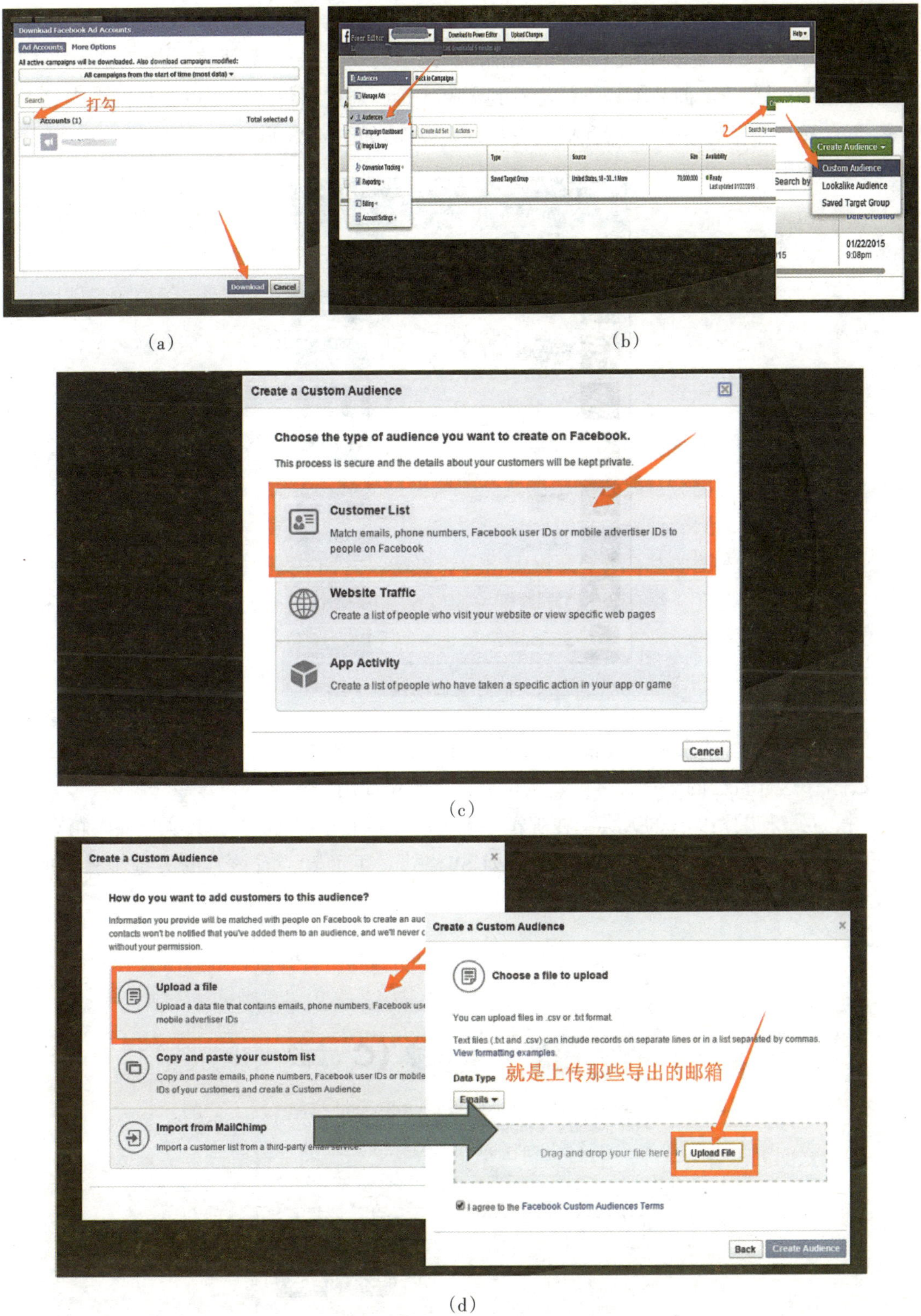

图5-22　Facebook 精准投放具体操作

4. 追踪客户做精准营销

首先选择一个与我们产品相关的热销品，然后选择与自身产品风格、售价定位相当的进行精准猎寻用户。商品图片下拉会看到买家评价，通过评价我们可以找到同类喜好卖家，再点开一个五星评论买家，我们会看到这个界面，如图5-23所示。

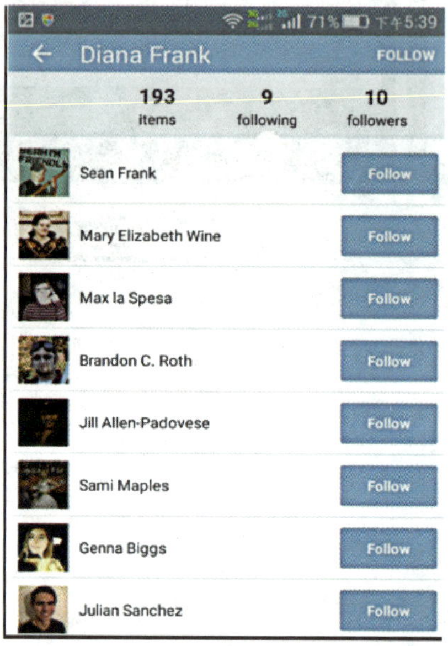

图5-23 追踪客户做精准营销

前面我们的一键营销已经搭建，此时我们还是可以继续操作，关联推荐到Facebook等社交平台，这样自己的产品就可以直接精准销售给Wish用户买家。

核心关键步骤：99%的人会卡在邮箱导不进Facebook这个问题上，其实导入邮箱有两个前提：一是必须用英文；二是必须转成CSV格式。下面看一看核心的关键步骤，如图5-24至图5-27所示。

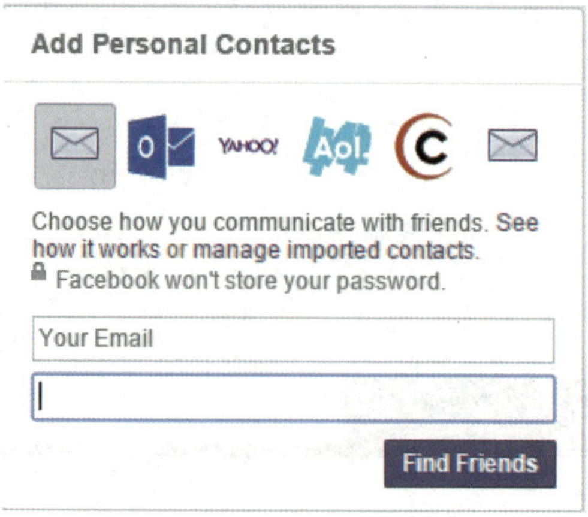

图5-24 追踪客户做精准营销

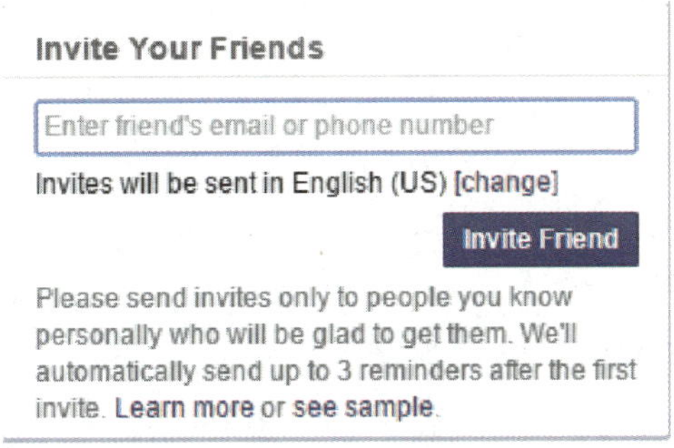

图5–25 invite(一)

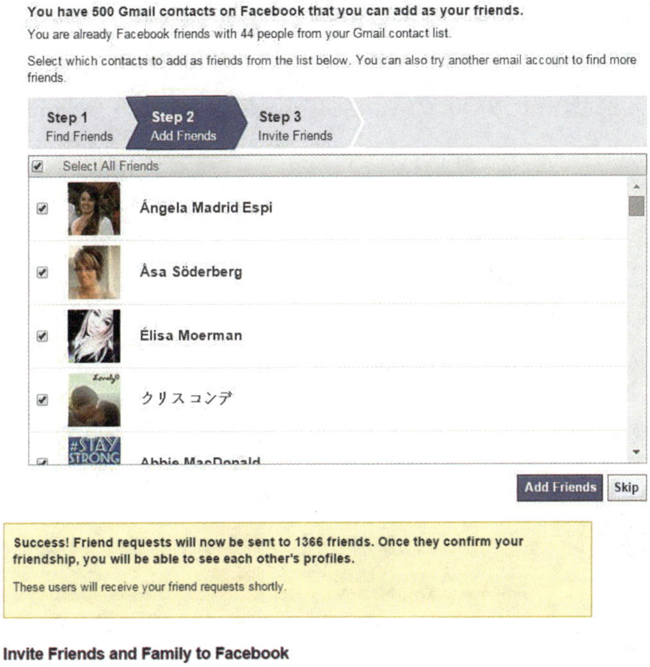

图5–26 invite(二)

图5–27 站外引流

五 兰亭集势

外贸电子商务第一股兰亭集势，主营产品覆盖服装、电子产品、玩具、饰品、家居用品、体育用品等多品类产品。2013年四季度兰亭集势成功扩张了成衣的产品供应并提升了海外地区的市场营销，而来自移动端的销售也在强势上涨。从邮件内容来看，兰亭集势正在寻找一些市场前景较好的产品来拓展品类，诸如服装、小配件等。

兰亭集势上线之初，主营的外贸品类是电子产品，当时深圳的山寨机在网上可谓相当火爆。在逐步打开外贸市场后，兰亭集势开始将产品线拓展到毛利更高的品类，如服装、电子产品配件、家居园艺等。目前，电子配件已上升为兰亭第一大品类，占比为39.1%，以婚纱礼服为主的服装品类占比为30.7%，除此之外便是小配饰、小商品、家居和园艺等其他产品。

流量来源分析如图5-28所示。

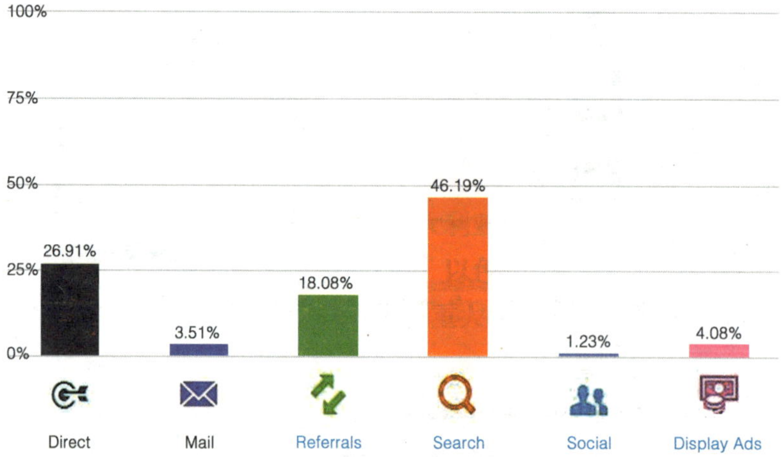

图5-28 流量来源分析

搜索引擎营销仍然是兰亭集势投放比例最大的一项，但也会有更多新型的营销方式作为补充。因为，搜索引擎可以抓住购买意愿最强的客户群，而新媒体和社交平台的好处是即便用户没有很强烈的购买欲，也能借此树立口碑和提高信任度。

兰亭集势的重复购买率不高，这使得他们需要不断引入新用户。由于缺乏自有用户，兰亭集势的增长严重依赖流量购买。高昂的推广费用是兰亭集势迟迟不能盈利的主要原因，想要突破，就必须改变这种过度依赖SEM和SEO的格局。

Webpower中国区跨境电子商务邮件营销专家介绍：在邮件营销策略上，他们依然保持2013年的一贯操作，注重E-mail only(邮件用户专享价/产品)和页面内容展示。邮件专享、价格战依然是其邮件营销的主打旋律，而邮件专属优惠是其吸引新客户和留住客户的主要策略。从页面设计来看，其配备了邮件基本需要的社交功能。与2013年不同的是，兰亭集势的邮件内容回归平凡，抛弃了2013年在邮件中频繁加入小量级的GIF设计的做法，以及重视顾客晒单及购物愉悦评论的点睛之笔，具体原因值得深思。

兰亭集势作为第一家赴美上市的中国概念股，代表中国跨境B2C亮相给以后其他外贸B2C上市创造了更好的条件。据业内人士分析，Everbuying是继DX和兰亭集势后第三家有望上市的公司，但是它的名气还是没有前面两家大，我们在后面将会作分析。Pandawill也是做得不错的一家，老板是德国人，估计是专注德语市场，避开激烈的英语市场。下面我们就来看看兰亭集势的案例，如图5-29所示。

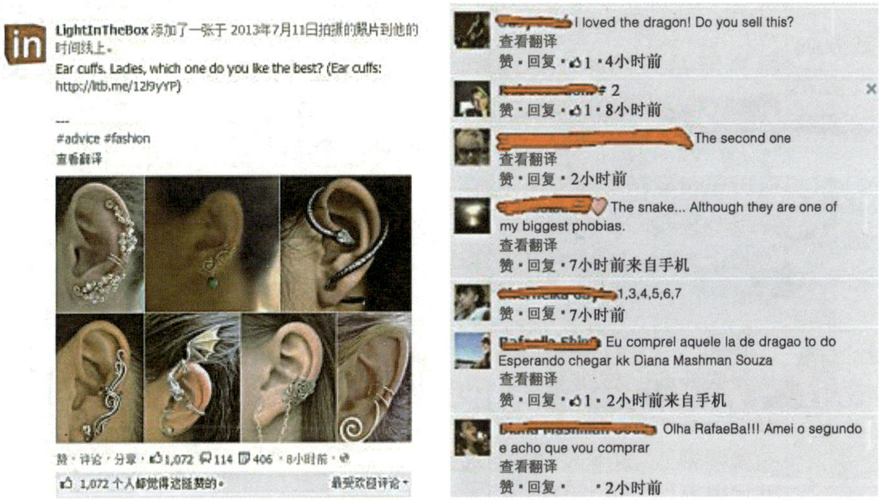

图5-29　对耳钉的热门讨论

如图5-30所示，评论的客人购买欲望强烈，但是兰亭集势并没有发布购买地址，很可惜，这么好的转化率就这么丢掉了。

图5-30　客人的评论

下面我们分析兰亭集势的这条信息，它与营销无关，只是分享下有趣的图片，这是个保持粉丝数量的手段，如果一味发布广告，可能会让用户产生视觉疲劳，甚至厌恶，点击UNLIKE，如图5-31所示。

兰亭集势更注重的是生活品质，可以这么说，兰亭集势的忠实粉丝肯定是一群小资情调的人，以女性产品线为主导。

图5-31　分享图片

带骷髅图的孕妇装，带着点潮妈的范儿，老外就是喜欢新奇特的东西，兰亭集势很好地抓住了这一点，如图5-32所示。

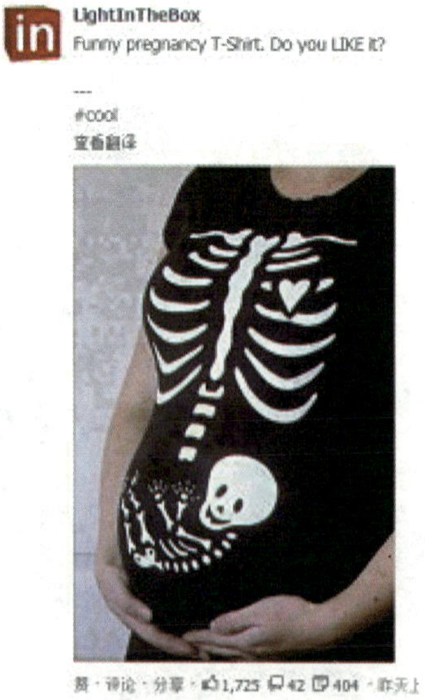

图5-32　带骷髅图的孕妇装

在Facebook上不管推广的产品是否受大众喜爱，引起讨论度和关注度是最重要的，即使是“吐槽”也能让更多的人注意到产品。这种制造差评的方法虽然能引起很多人参与讨论，但是并不推荐，因为一旦大众对产品的好感度下降，就很少有人会购买了。

六 大龙网

大龙网（DinoDirect）——“多组合策略挽回客户”。通常在用户注册订阅邮件的初始，要为用户提供新用户优惠及购物流程指导，作为欢迎新用户的入门礼，这在跨境电子商务邮件营销中普遍应用。在Webpower中国区跨境电子商务邮件营销实践调查中，跨境B2C电子商务一般在用户成功订阅邮件后，会发送确认订阅邮件、欢迎邮件等类型的邮件。从用户体验的角度，给新加入的用户提供网站购物的操作指南及向导。在确认邮件中，适当巧妙地加入热门产品、Coupon等促销元素，引导用户转化等。但是这种好的开始往往并没有得到延续，当客户许久不曾活跃在你的邮件列表中，大部分的跨境电子商务没有采取后续行动，这样通过邮件和SEO、广告等渠道辛苦吸引过来的客户就悄悄地流失了，而大龙网却是为数不多的采用“多组合策略挽回客户”的跨境电子商务企业。

（1）60天、120天……当你许久不曾点击打开邮件，大龙网都会给你发送一封亲切而深情的呼唤你回归的邮件，当然邮件中额外折扣必不可少。

（2）除此之外，他们还考虑到了可能是由于阅读设备及方式的变化造成了你的离开，所以邮件中同时还提供Newsletter、App、Facebook等覆盖主流用户群体的多个渠道来挽回用户。

（3）如果以上努力还是令你不满意，那么Customer Service Center是最后的法宝，直到让你满意为止。其实这反映了大龙网在客户服务上的重视程度，试想，“客户服务中心”将给客户带来什么感觉——不仅随时关注你的需求，更关心与关注你。

七 DX

DX创始人陈灵健是中国香港人，早期和一个中国台湾人合伙开了几个主营游戏配件的eBay网店，在2007年年初就从eBay平台上撤出来做独立网站。陈灵健是一位80后，毕业于美国常青藤名校，具有敏锐的市场眼光和超强的技术能力，DX网站一开始的架构和代码就是由陈灵健自己完成的。DX以超前的技术架构、强悍的价格战能力、超低的人力成本和犀利的网络营销技术迅速崛起，2011年销售额即接近2亿美元。陈灵健有着类似于顺丰王卫一样的低调，从不参加业界的聚会，也不见媒体，除了DX的早期员工和个别现任高管，很少有人见过他。不过陈灵健在自己的DX论坛一度相当活跃，他的网名是Sonny Chen，他在DX论坛的地位和J Wong在魅族论坛的地位相当。

DX似乎不是很重视设计和细节之类的，因为其一直奉行的是价格至上原则。所以其无论是网站主页还是产品说明和产品图片，和国内其他外贸电子商务没什么差别。DX目前只支持四种语言：英语、西班牙语、俄语、葡萄牙语。DX的主页面如图5-33所示。

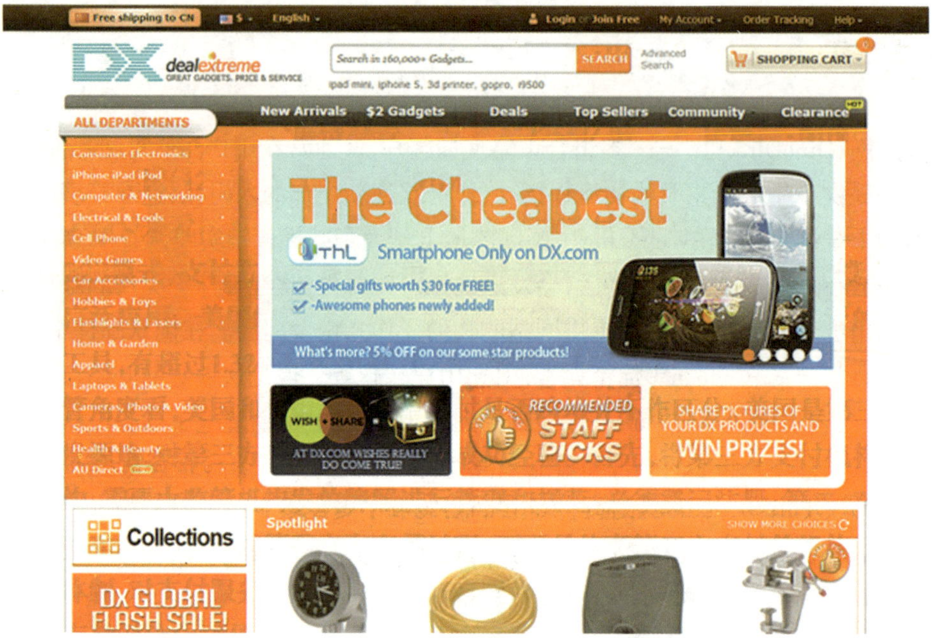

图5-33　DX的主页面

陈灵健是从eBay起家的，所以DX一开始的主营产品便是电子产品和3C小配件，如U盘、手机壳等。陈灵健很清楚DX的定位，那就是该网站的关键词"Cool Gadgets"，全网最低价+2千克以下电子产品+国际小包免运费，成了他的杀手锏。DX曾公开表态，即便婚纱利润再高，他们也不会碰。这样的策略让DX把3C产品做到了极致，像极了它的名字DealeXtreme。后来由于用户量增加和为了充分利用流量，DX增加了户外和美妆等其他品类。

从ALEXA数据可以看到，DX上游流量来源中有11.5%的流量来自Google，超过10%的流量来自Facebook和YouTube等社会化媒体。DX虽有超过11%的流量来自Google，但观察DX过去一年的PPC投入，其每月的Google关键词预算投入平均不到1000美元，远远低于其他外贸B2C网站。其投放的关键词多为价格低于1美元的长尾关键词。不过，DX最令人乐道的还是他们的论坛营销，DX把论坛营销玩得出神入化，让很多同行惊叹。DX网站有一个自己的论坛，上面聚集了大批早年追随Sonny Chen的买家，并且不停地依靠口碑拉来新客户。DX还通过与大量论坛合作把网站的产品信息推向各个区域市场，各种打折优惠信息在论坛里面曝光，而且针对不同的产品找不同的论坛来推广，效果非常明显。DX的论坛营销是用户黏度极高而成本又极低的一种方式。DX内部数据显示，DX有近50%的流量来自直流，重复购买率近45%。

八 Everbuying

Everbuying ——意味无穷的全球免运费(Worldwide Free Shipping)策略，如图5-34所示。主营电子和时尚产品的外贸B2C电子商务平台Everbuying已在美国建立海外仓。为提高消费者对网站的忠诚度和信任度，其还推出了“30天退款，90天免费保修”的服务保障计划。其邮件营销也中规中矩，和其他跨境电子商务平台并无多大区别。但其采取的全球免运费策略值得广大跨境电子商务平台思考和探索。

之前已谈过，物流环节是跨境电子商务在快速发展过程中的最大软肋之一。和普通电子商务不同，跨境电子商务物流成本非常高，一些运费甚至比商品价格高。而物流的配送方式无论是邮寄快递、聚集后规模化运输，还是海外建仓，都牵涉到物流成本和回报率的问题。所以，对于是否免运费，一些跨境电子商务市场营销人员往往难以决策，这时候我们可以参照Everbuying。

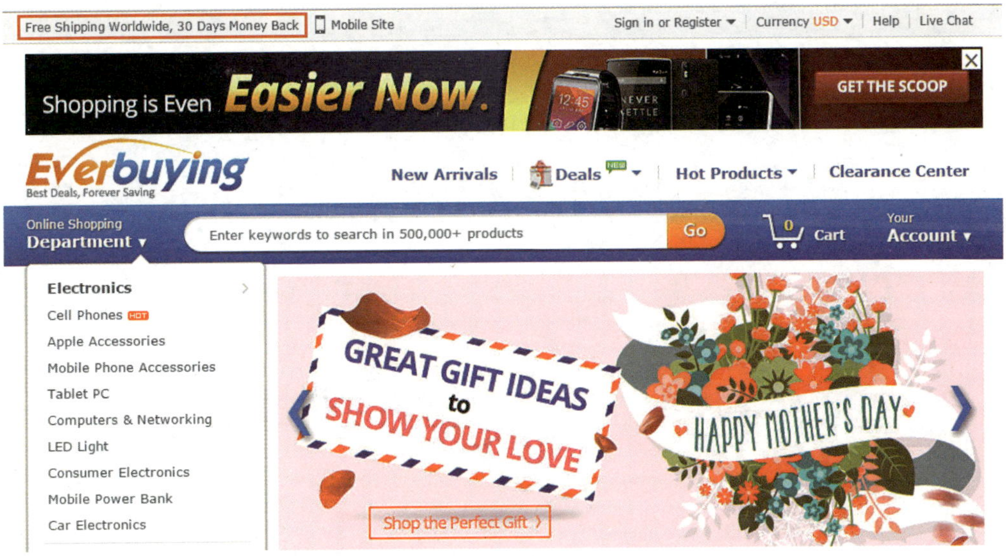

图5-34 Everbuying的主页面

2014年6月，由哈里斯互动(Harris Interactive)发起的一项针对美国网购用户的研究报告显示：66%的受访者在网购中对运输花费至少有一次不能容忍，意外地高于“实物与网上展示不符(38%)”；而根据性别划分，超过70%的女性网民认为，运费常常使她们恼怒，相比之下，只有60%的男性受调查者这样认为；从年龄阶段来说，60%的18～36岁的受访者表示，运输费用令人恼怒，而68%的37～49岁的受访者和69%的50～68岁的受访者同样讨厌运输费用。总之，年长者和女性对运输费用最为不满，且最不愿意为货物当天和隔夜送达花更多的钱；而当在网上购物时，70%的美国人不会为了立即得到货物而支付费用。

另外，UPS comScore和the E-Tailing Group在2014年3月发起的一项投票显示，运输成

本在在线购物车遗弃中发挥了至关重要的作用。大约60%的美国买家，放弃购物车是因为运输成本使得购买总额超过预期。类似比例的受访者，事实上也在添加商品到购物车以后再次查看其带运输成本的订单，然后与其他网站进行比价，而50%的受访者因为订单总额不够，无法获得免费送货资格而抛弃了购物车。

Webpower中国区跨境电子商务邮件营销小组的专家们建议：跨境电子商务的主要目标客户都是来自海外，那么洞悉海外市场客户对于"运费"的态度，以及运费与下单和最终购买之间的逻辑关联，则是非常重要的环节。而据推测，Everbuying的Worldwide Free Shipping策略在其邮件营销销售中应该发挥了重要作用。作为跨境电子商务者，熟悉各国消费者对于运费的态度，然后以此制订运营的物流方式，规划包含运费因素在内的营销策略，将为跨境电子商务营销、邮件营销带来新的视角。

第6章

如何打造爆款

打造爆款是跨境电子商务卖家追求的目标，但如何打造又是他们的痛点，无论是选品、Listing优化，还是服务、政策，都是绕不开的话题。爆款产品是在商品销售中，持续出单且销量很高的商品，打造爆款要有好的商品与营销技巧。

第1节 合理设置推广计划结构

我们在选择爆款产品到推广爆款产品这一看似简单但实际复杂的过程中，需要合理地设置推广计划结构。

（1）需要对整个行业、竞争对手、自身产品情况进行数据整合和分析。

（2）再由营销推广人员、数据分析员及企业负责人共同商议决定出几个候选商品。

（3）要让专业的人员对爆款进行打造（包括图片的美化修整、店铺内部区域的规划、有效的打造方式等）。

（4）对爆款销量进行数据分析，产品成为爆款之后，销量变化的分析至关重要。如果产品的销量没有提升，反而下降，那就说明产品在选择上、打造上或是推广上存在问题，需要及时调整。

第2节 精准地域投放的设置

虽说网络无区域限制，但是一个地区的经济条件限制了该地区网购的发展，因此在投放营销广告时要考虑所在地区人群数量、购买力和消费习惯等因素。

一 利用地域特征，灵活投放广告

网络购物是无地域限制的，每个国家都有潜在买家，都有购物需求。发达国家的购买力较强，需求较大，是获取流量的重点区域；新型市场虽然购买力较弱，但需求增长非常快，而且投放的卖家相对较少，竞争没有那么激烈。

二 抓住高流量地域，提升成交转化

对点击量较高的地域，可以有针对性地推广适合地域性的商品或适当提高该地广告出价，并针对这些地域进行优惠促销等活动，把高流量转化为最终的成交。

三 关注低流量地域，挖掘价值洼地

对于流量较低的地区，部分广告可以适当降低出价（结合排名情况），充分挖掘价值洼地，抓住每一个买家。

第3节 选择爆款的数据分析

爆款意味着庞大的销量，那么在选品上，就要注重选择的产品，即潜在市场大、可接受用户群庞大的产品，对于过于细分市场的产品，其销售也必然有限，未必适宜作为爆款项目开发。除了市场份额的考虑之外，选品时一定要重视产品品质，如果产品品质差，大销量必然会引起更多的纠纷、差评，诸如A-to-Z（amazon为买家提供退款保护政策）索赔、Charge Back（退款）等，而这些问题的大批量出现，会影响账号表现，甚至导致账号受限。所以，优良的品质和足够大的市场份额才是打造爆款的基础。打造爆款主要可对以下数据进行分析：

（1）分析所在行业的热卖产品，分析行业最近7天热卖的宝贝。搜索对应的关键词，观察最近1个月此款宝贝的方向是增长还是下滑；分析出来后可能得到1～3个宝贝是不错的，有潜力做爆款。

（2）分析自己及所在行业竞争对手的数据，对自己全店宝贝进行综合分析，知道目前自己店铺的UV（一个独立IP地址访问店铺指产生一个UV）、PV（Page View，指页面浏览量或点击量）、转化率、流量来源构成，然后分析行业爆款数据，其中分析行业爆款数据是重点。

流量来源分析：通过对数据的整理和分析，我们可以找出把转化率提升至最高的方式，作为主要的引流渠道。引流渠道主要有广告、搜索、直通车等。

（3）数据分析后确定自己的主推产品。选择店铺中已有一定销量的商品、选择店铺中零销量或原销量在10个以下的新品，观察记录你自己店铺的宝贝最近7天有哪些宝贝在增长(记录事项：访客数、成交笔数、转化率、成交关键词、关键词排名等数据)，最后需要结合自身的宝贝与市场分析得到的热卖宝贝有哪些共同点和注意点，尽量选竞争小、差异化的宝贝。按一定方法精选出3款商品，建立独立的测试方案，让数据来决定哪款才是最终的单品爆款，但我们要保证打造的爆款是不亏本的。

第4节 数据化跟踪爆款进程

一 速卖通——数据纵横介绍

数据纵横各大工具介绍如图6–1所示。

图6–1 数据纵横

二 经营分析

1. 实时风暴

经常去看实时风暴，你就会对每个时间段应该有的访问量、曝光量、访客数了如指掌，及时发现问题，解决问题。这里说一下，人均访问页面这个数据会大致反映你所有商品的相关商品的情况，如果发现数值较低就应该去更换关联产品模块了，如图6–2所示。

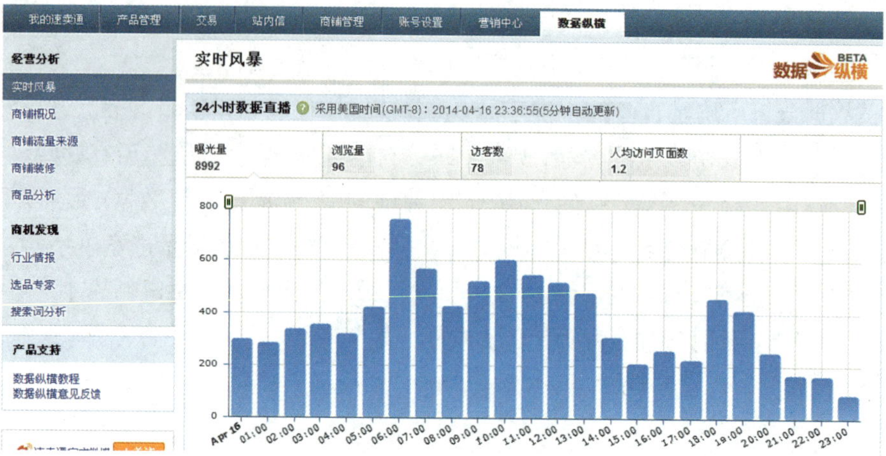

图6-2　实时风暴

小贴士

建议工作时间一直都要开着实时风暴，经常研究实时风暴有助于了解买家习惯——上线及购物时间。

2. 商铺概况

商铺概况能够显示商铺的整体数据，体现商铺全部商品的曝光量，以及浏览量、访客数等，主要是看店铺最近的一些走势，如图6-3所示。如果是新店铺，传了很多商品，但是觉得很多商品的主图、标题、价格等需要优化，又进行了很多优化，一周后就能大致看到效果。用店铺的整体曝光量除以商品页访客数得出来的数据，会基本反映店里所有商品对买家的吸引程度，然后用最近7天得出来的数据和最近30天以及最近90天的数据对比，就能基本反映出优化大量商品的效果。如图6-4所示，经常查看商品分析，以便知道商铺的发展速度，或者出现的问题。

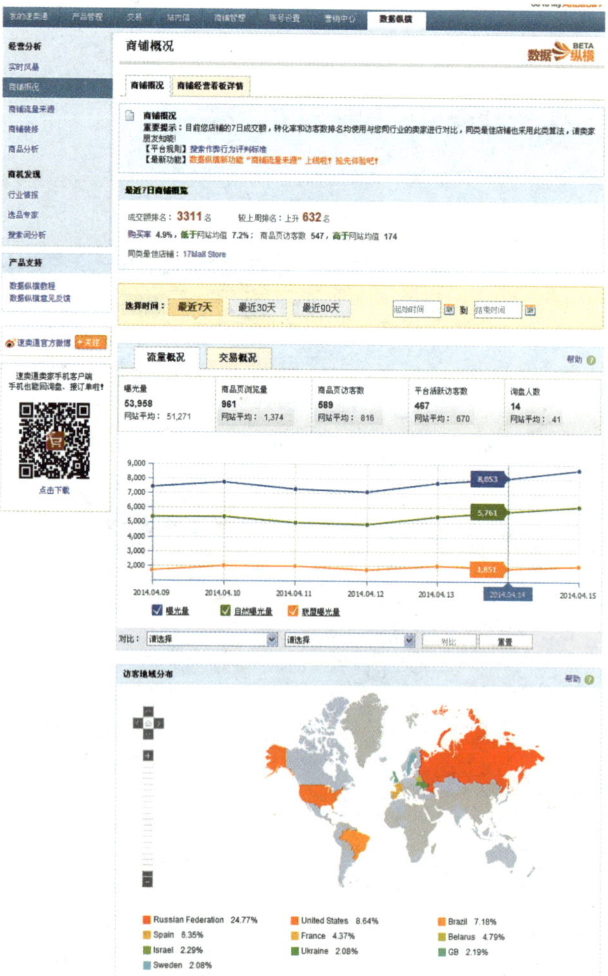

图6-3　商铺概况

图6-4 商品分析

3. 商铺流量来源

查看详细数据，可针对弱项对店铺进行调整。例如，当浏览量的“站内其他”超过“站内搜索”时，是否考虑优化关键词或优化产品来提升排序，商铺流量来源和详细数据如图6-5、图6-6所示。

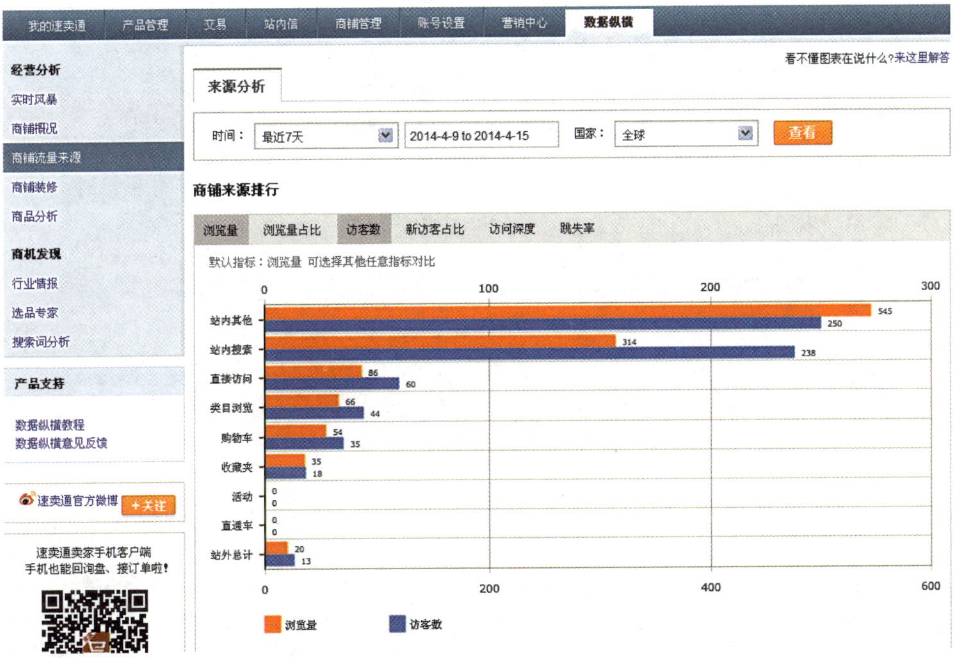

图6-5 商铺流量来源

详细数据

下载原始数据

来源	浏览量	浏览量占比	访客数	新访客数	新访客数占比	访问深度	跳失率	提升秘籍
总计	**1,120**	**100.00%**	**589**	**572**	**97.11%**	**1.9**	**76.31%**	
站内总计	1,100	98.21%	581	564	97.07%	1.89	76.74%	
站内其他	545	48.66%	250	238	95.20%	2.18	72.03%	店铺装修，关联营销
站内搜索	314	28.04%	238	237	99.58%	1.32	81.93%	用搜索词分析提升排序
直接访问	86	7.68%	60	58	96.67%	1.43	81.69%	
类目浏览	66	5.89%	44	44	100.00%	1.5	77.27%	选好类目，填全属性
购物车	54	4.82%	35	31	88.57%	1.54	75.00%	引导买家添加购物车
收藏夹	35	3.13%	18	17	94.44%	1.94	61.90%	引导买家收藏商铺商品
活动	0	0.00%	0	0	0.00%	0	0.00%	马上报名参加活动
直通车	0	0.00%	0	0	0.00%	0	0.00%	尚未开通直通车
站外总计	20	1.79%	13	13	100.00%	1.54	53.85%	

图6-6　详细数据

4. 商铺装修

监控店铺装修带来的推广效果如图6-7所示，装修事件数据报表如图6-8所示。

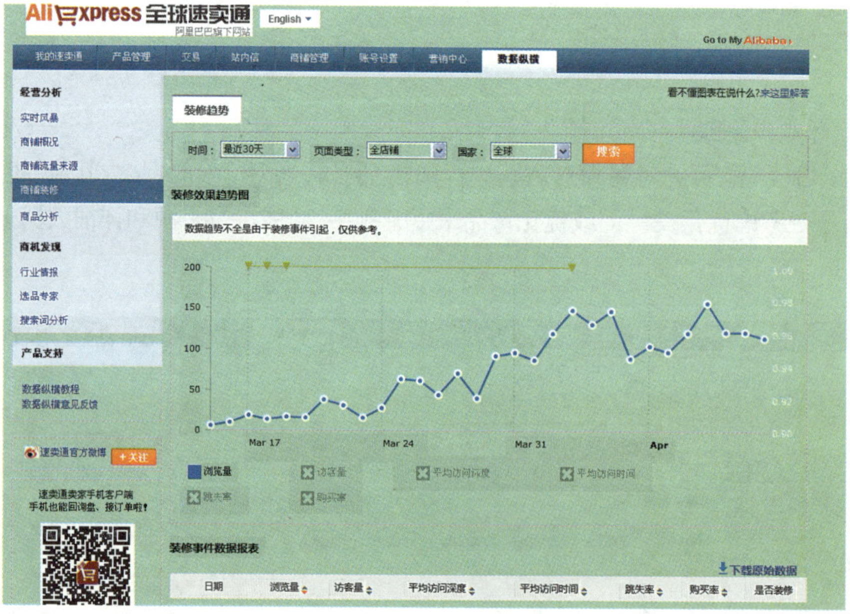

图6-7　监控店铺装修带来的推广效果

装修事件数据报表

下载原始数据

日期	浏览量	访客量	平均访问深度	平均访问时间	跳失率	购买率	是否装修
2014-06-08	144	113	1	44	83.62%	1.77%	N
2014-06-07	143	113	1	62	81.42%	1.77%	N
2014-06-06	183	125	1	62	86.82%	2.40%	N
2014-06-05	209	158	1	45	78.75%	4.43%	N
2014-06-04	244	156	2	61	79.25%	1.92%	N
2014-06-03	217	154	1	54	86.16%	3.25%	N
2014-06-02	187	138	1	46	81.69%	2.17%	N

图6-8　装修事件数据报表

5. 商品分析

图6–9所示体现单个商品的曝光量、浏览量、访客数等数据。通过一些计算能看出别的数据，如曝光量除以访客数得出的数据就大致反映了商品吸引买家的程度(要通过多个产品的数据对比)，能够吸引买家点击的关键是商品的主图、商品的价格、商品的折扣。另外，还可将单品的转化率与店铺转化率进行比较，低于店铺转化率的商品就要考虑优化。

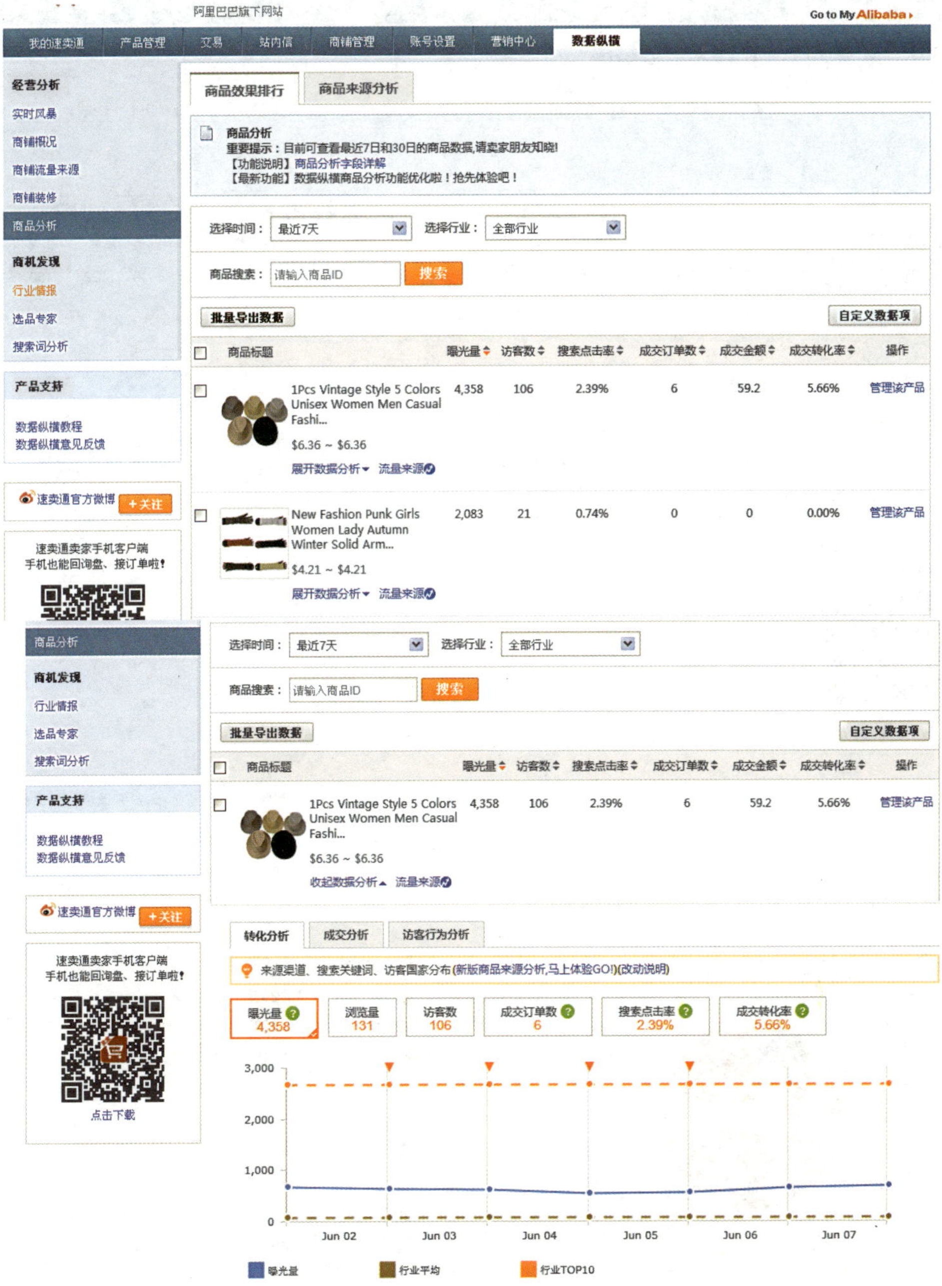

图6–9 商品分析

三 商机发现

1. 行业情报

行业情报如图6-10至图6-13所示，可以根据情报分析，选择合适的行业。

图6-10　行业情报（一）

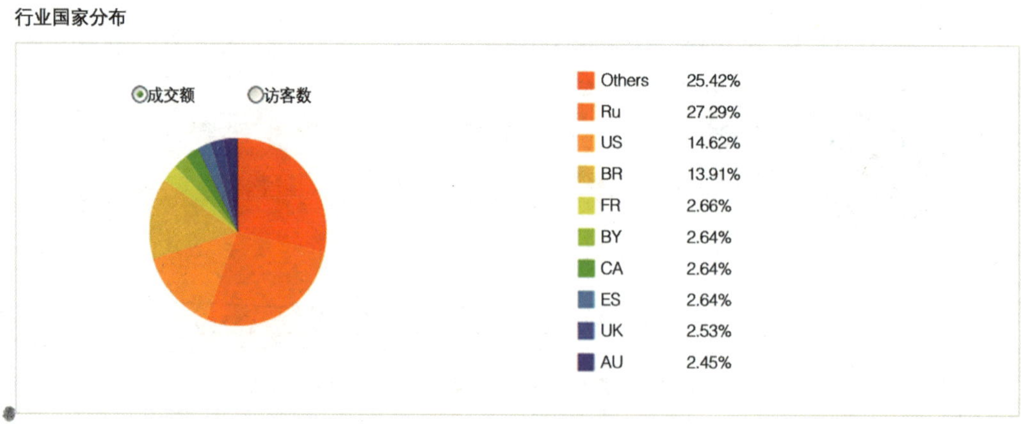

图6-11　行业情报（二）

图6-12　行业情报(三)

图6-13　行业情报(四)

2. 选品专家

（1）热销产品。选择行业后，点击某个关键词，会出来该关键词的关联词以及属性，还可以针对属性组合搜索平台正在热销的产品，如图6-14至图6-18所示。

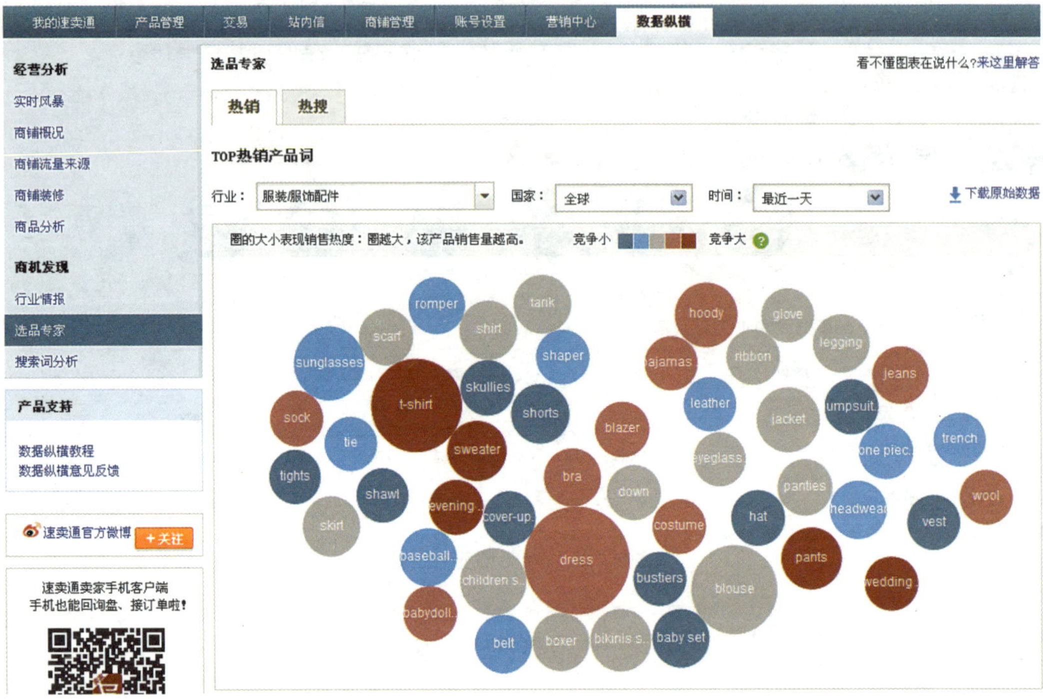

图6-14　选品专家（一）

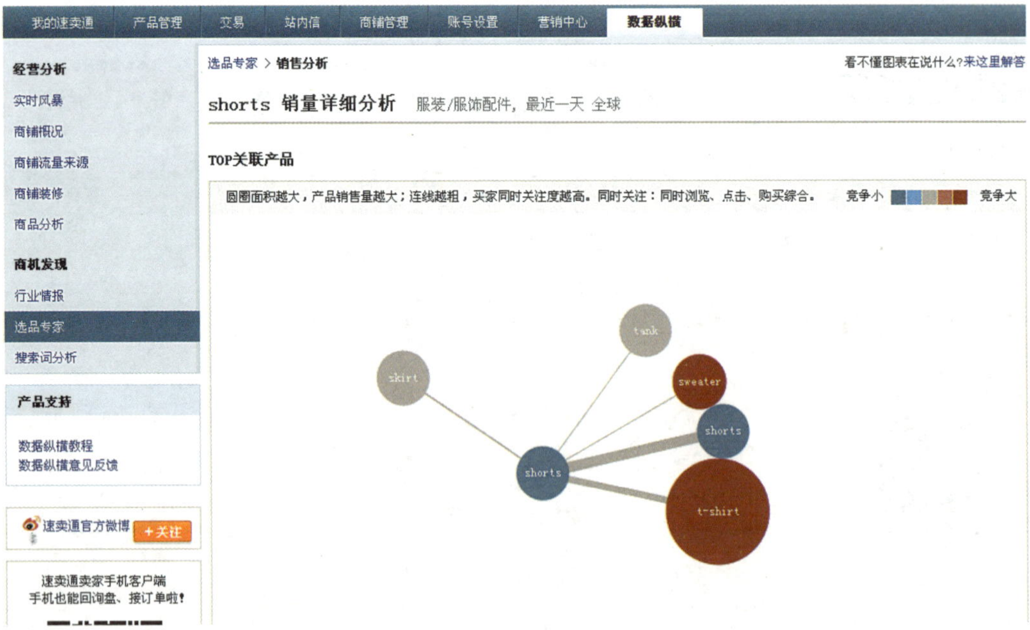

图6-15　选品专家（二）

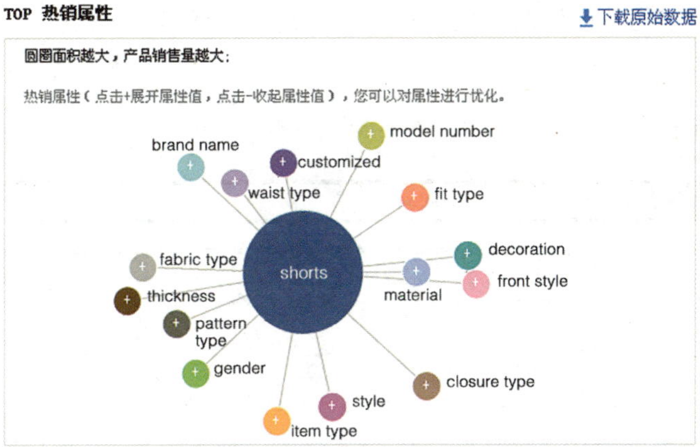

图6–16　选品专家(三)

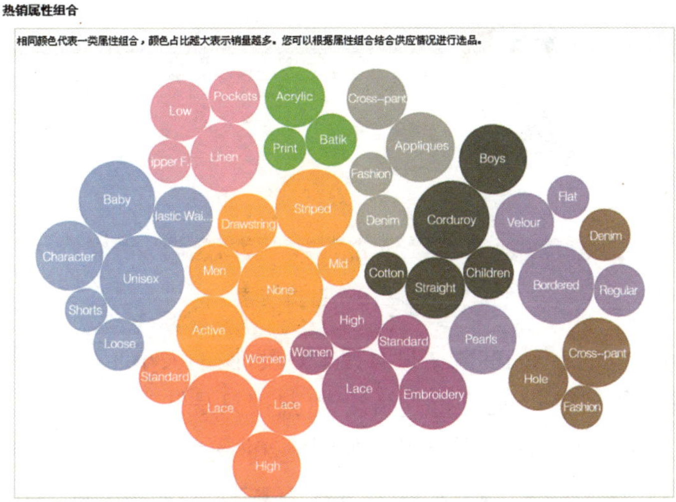

图6–17　选品专家(四)

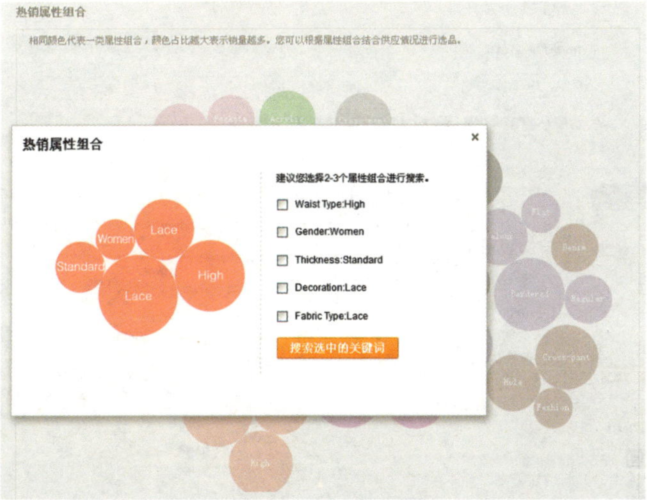

图6–18　选品专家(五)

点击“搜索选中的关键词”就会出来搜索页，此时可针对自己的需求及条件进行选品，如图6–19所示。

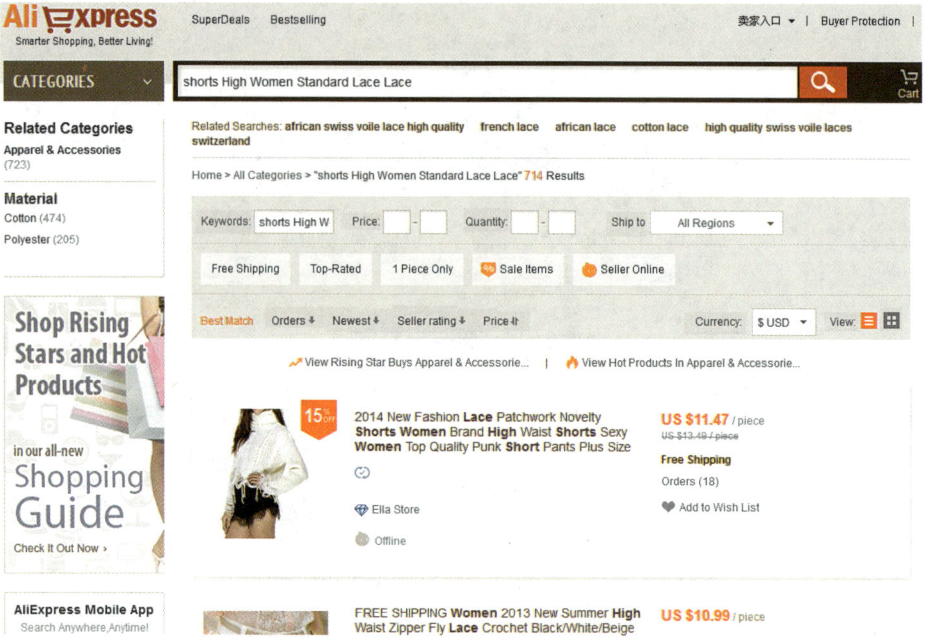

图6–19　首页搜索

（2）热搜产品。热搜产品的数据只有搜索热度（圈的大小），没有竞争的对比，其操作方式与热销产品类似，但是不能进行产品搜索（热搜只是针对关键词的搜索得出的数据，而某个关键词对应的可能不止一种产品），如图6–20所示。

图6–20　热搜产品

（3）搜索词分析。可针对不同行业分析热搜词、飙升词、零少词，引用这些词前要先确定是否为品牌词，如图6-21所示。

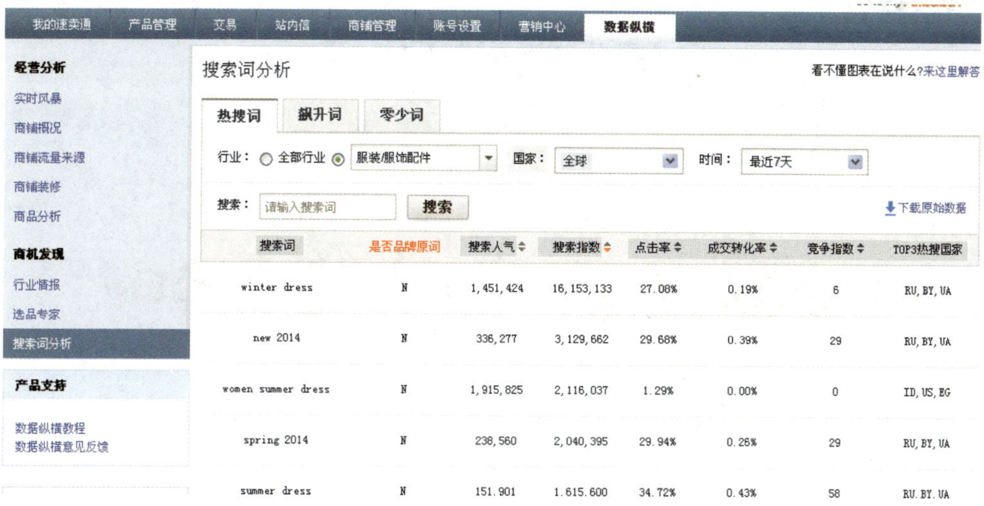

图6-21 搜索词分析

第7章

如何提升转化率

第1节 吸引访客的注意力

提高转化率的第一步是吸引访客的注意力，因此首图尤为重要，要清晰，最好用模特图或效果图。真实、美观的图片会对客户有很大的吸引力。对比图7-1所示的两幅图，很显然左图更能引起买家的注意。

图7-1 同产品、同价格对比

可以通过一些例子了解图片的重要性。例如，作为时尚饰品类的店铺，既要考虑到店铺整体的风格，也要注意节日的气氛。情人节要的就是甜蜜和浪漫的氛围，有幸福和爱的感觉就可以了。然而表达幸福的感觉，大家一定会想到爱心，女生在七夕、情人节会想到花，一个大大的Banner（标语）就能给买家一个充实的节日氛围，同时在Banner上写上你要体现的促销或者主推款。即使买家点进的入口不是你的潜力款，但潜力款第一次被展现，也得到了被点击的机会。此外，需要根据出售商品类别来选择适合的店铺颜色，要结合整体效果考虑，选择的店铺整体色彩的饱和度不宜过高，否则买家浏览时容易视觉疲劳，一闪而过。

除美化图片之外，我们还可以通过对产品特性进行优化，从而吸引访客的注意力。其实在众多买家中，存在这样一部分人：她们对身材样貌并不是很自信，在实体店里无法买到自己心仪的衣服，所以想在网上寻找适合自己的产品。如果店里的产品特性只能适应于一种顾客（如好看的衣服或鞋子没有大码或小码等），那么必然会造成客户的流失。所以从产品特性上吸引访客也是非常关键的一点，毕竟做了那么多的营销，不过是为了让客户购买产品从而提升转化率。产品如果无法使客户满意，那么就算是再厉害的包装营销手段，客户也不会再次购买。

举个例子，兰亭集势在婚纱和礼服类产品为客户提供个性化定制，顾客可以根据自己的身材和喜欢的颜色进行个性化定制。兰亭集势专门建立了一个内部的专家团队，直接打入苏州婚纱制造工厂的生产线，负责指导供应商改进生产效率和提高产品质量，使他们能够在尽可能短的时间内，达到个性商品定制品以及标准品批量生产的标准。这种“个性化”定制无疑会吸引更多客户购买。对于婚纱，所有人都希望自己的婚纱是独一无二的，兰亭集势为客户提供了更多的选择余地，令她的婚纱成为“量身定做”的。婚纱的这种特性，会令许多访客产生兴趣并产生购买欲望。

第2节 留住访客

一个店铺从建立到推广，都是为了留住每一位访问店铺的客户。如何才能真正留住每一位点击我们店铺的访客，从而让他们能成为店铺真正的潜在客户？如果做到以下几步，相信就会留住访客。

一、较好的橱窗图片展示及可供选择的产品属性

好的橱窗图片里应包含直观清晰的主图，完整全面的细节图。多属性的产品往往比单属性更吸引访客，如图7-2、图7-3所示。

图7-2　产品展示(一)

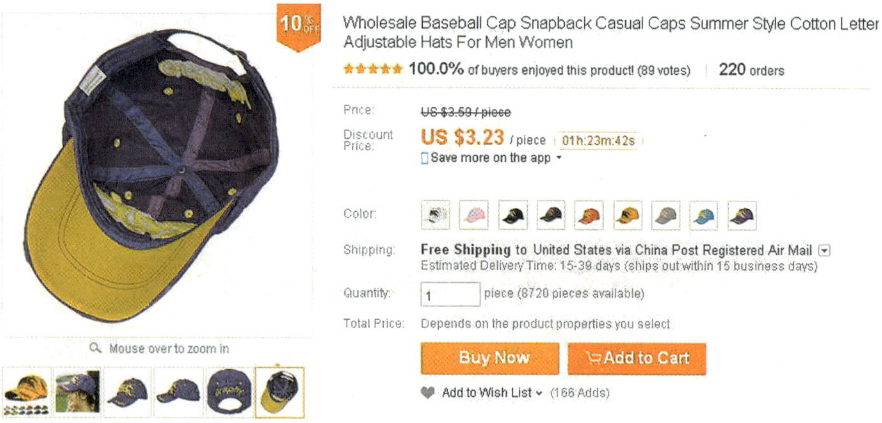

图7-3　产品展示(二)

二 提升用户体验

用户的体验主要分为感官体验、情感体验、行为体验、关联体验和思考体验。提升用户体验有许多方法,如:

1. 网站色调简约

不要为了网站好看,就拼命地往网站上面添加图片、flash和视频。目前,搜索引擎对图片的识别能力还不强,图片、flash和视频多了,会直接影响网站访问速度,间接地影响用户体验。

2. 网站架构要简洁直观

网站的每一个导航都要清晰明了,而且对应的内页都需要息息相关,切勿风马牛不相及。搜索框应更人性化地展现,便于用户搜索自己所需的关键词。总之,网站架构越简洁用户越喜爱，如果用户需要的某个信息在我们站点里面是有的，可浏览了好几层的页面都还没找到，那么这样的站点肯定留不住用户。

3. 尽量不要出现恶意弹窗广告

其实目前绝大部分用户都不喜欢弹窗广告，特别是那些关也关不掉的弹窗窗口，有的还直接挡住了用户要看的内容。若出现这种情况，用户一般会立马关闭网页离开。就算是客服服务列表最好也不要做成弹窗窗口，因为用户若对你的站点信息产生兴趣的话，自然会主动联系你，无需每打开一个页面就弹窗一次，这样只会让用户厌烦你的站点。

4. 用户是需要累积的

对于一个新站来说，难得来的一个用户我们更要好好地把握。如何才能让一个用户成为老客户呢？那无非就是看网站的信息内容是否是高质量的，是否是用户最想看到的。倘若站点内容符合用户所需，那么用户便会进行关注。久而久之用户自然会越来越多。

5. 打造新鲜高质量的内容，提升PV

如果一个站点第一次给用户留下了好印象，那么用户必然会继续造访。怎样才能让用户持续来访呢？必须有新鲜的高质量的内容，因为内容是支持网站发展最重要的条件，没有高质量内容的网站是毫无意义的。我们要建设用户所需要的原创高质量内容，而非为搜索引擎来创造内容。只有对用户有用的内容才会使你的站点有更长远的发展。

有时候搜索引擎也不能顾及每一个站点，肯定会有极少部分站点质量不错，可偏偏被搜索引擎"偏心"，结果不如质量低的站点。这个时候用户可以让你的站点在搜索引擎里被另眼相看，因为如果一个站点原先通过搜索引擎没有得到好的排名，用户却越来越多，回访用户也多，那么这个时候搜索引擎自然会"悔悟"自己的粗心，待发觉后肯定会立马提升你的站点排名。我们不仅要提升网站IP流量，更重要的是要提升站点的整体转化率，这也是每个SEO优化者（搜索引擎优化者）最喜欢看到的。若没有转化率的话，IP再多也是多余的。

6. 多用户进行互助体验

当自己对留住访客操作方法不知道是否正确的时候，可以通过朋友或者站长们直接互助交流成长，一起分析目前的站点是否有利于留住访客，是否还有需要改善的地方。可以多方面参考，然后总结出适合自己站点优化的方案，这样才能更有利于留住访客。

7. 针对各个平台要选择一个知名度高、品牌效应好、信誉度高的支付方式

比如PayPal、Visa、Master这些全球知名的支付方式。PayPal支付在全球支付上的信誉度在用户中是比较高的，如果国内想做跨境电子商务的企业在自己的网站上放上PayPal的标志，就能提高这个网站的信誉度，也就能提高这个网站的用户转化率。兰亭集势在自己的支付页面就有比较明显的"PayPal"标志。

接入了第三方支付，如果是要跳转到第三方支付页面的，那么最好把这个页面做得跟你网站的风格类似，让用户认为依然是在你的网站上进行支付，而没有跳转出去，在这个页面上最好也有你的LOGO信息，确保用户对你网站的信任，如图7-4所示。

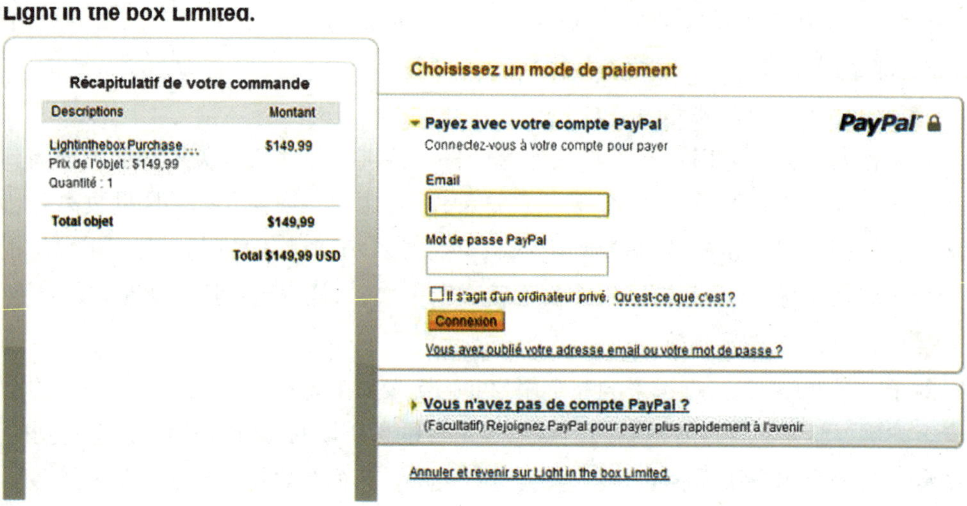

图7-4　PayPal

8. 不强制用户登录或者注册

如果在用户注册的支付工具中有足够的真实信息，那么网站应让用户注册时尽量少填信息，从而提升客户体验度，提高客户购买欲望。然后再通过跟支付公司的数据对接来完成这一项内容（当然这对支付公司的要求较高），在用户准备支付的时候，只要登录支付账户便可以让订单获得用户的地址及详细信息来完成这个订单的支付。

以PayPal支付为例，用户跟PayPal对接，并进行了网站的优化，在提交订单时直接就有支付的按钮和选择其他支付方式的按钮，如图7-5所示。

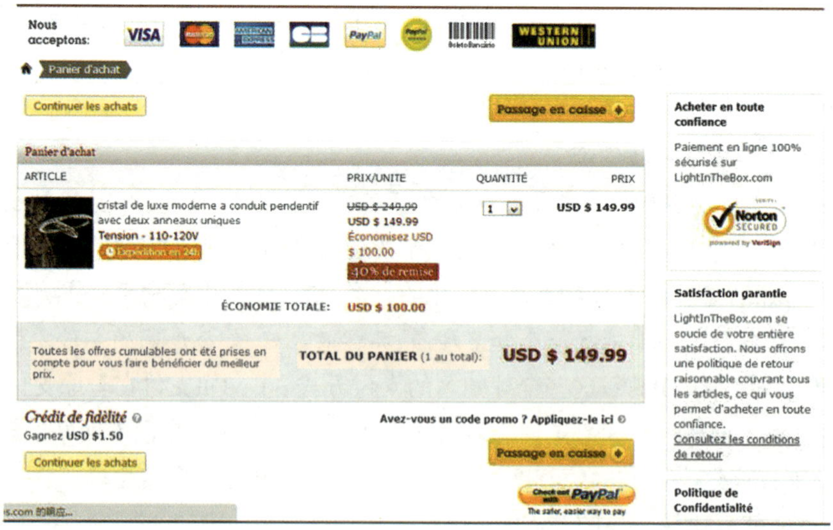

图7-5　支付（一）

在选择其他支付方式的按钮后，会出现以下页面，需要填写收货信息等复杂的信息，如图7-6所示。

图7-6　支付(二)

在选择用PayPal支付的按钮后，出现的支付页面则如图7-7所示。只需要填写PayPal账户和账户密码，就能生成订单完成支付了。

图7-7　支付页面

9. 单页面营销

单页面营销是最近两年才被提炼出来的概念，简单地说，就是所有产品的资料、客户案例等均集中到一个页面，然后以这个页面为核心进行营销。虽然这个概念比较新，但是实际上这种形式的营销早就有人开始尝试，并且在一定范围内已经得到了普及。

第3节 促使访客采取行动

影响用户购买产品的因素有品牌、商品吸引力、客户服务、顾客行为、用户体验、流量质量等，其中每一因素又包括很多影响因子，对每个因子的经营都会促使访客采取购买行动，提升商品转化率。为了让用户更容易接受产品，可以在网站上尽可能展示足以增强买家信心和信任的信息，例如支持PayPal支付意味着网站交易的安全性，又如某一权威协会的会员地位易于增加买家的好感。这些有助于产生信任感的信息不仅应该展现在首页上，也应尽量出现于产品页面上。

另一种建立信任的方法则是利用多元化的沟通手段，让潜在顾客发现他们可以通过电话、电子邮件、实时聊天工具或博客同网站经营者进行沟通。人们都希望在虚拟世界中进行交易的对象是活生生的人，这一点不管在中国还是西方，人同此心，概莫能外。

产品详情页是买家决定是否下单的关键环节，所以详情页做得好不好，直接决定着产品转化率。产品描述页面的特点在于多位潜在消费者同时接受一个产品信息。一个好的产品描述胜过一位优秀的销售专员。

● 产品描述页的基本信息

商品展示类：色彩、细节、优点、卖点、包装、搭配、效果。

实力展示类：品牌、荣誉、资质、销量、生产、仓储。

吸引购买类：卖点打动、情感打动、买家评价、热销盛况。

交易说明类：购买、付款、收货、验货、退款货、保修。

关联营销类：关联商品、搭配商品、促销活动、优惠方式。

下面向卖家介绍一下可以促使访客成为买家的方法：

1. 制作一个吸引人的登录页面

公司和组织对自己产品的热情都体现在网站的登录页面上。拿苹果公司官网为例，当访客点入苹果公司的网站时，他们便进入了一个有着强烈视觉冲击力、画面感的世界，大胆的描述方式突出了该公司产品的特点和细节设计，很好地阐释了产品的优点和顾客要购买的理由。

如果你的网站出售的也是电子产品，大可以借鉴苹果公司网站的设计，第一眼的主观印象是很重要的。

2. 用户生成内容

允许并显示客户评价能够很好地帮你打开销量。首先，他们能通过搜索结果引导其他顾客到你的网站。比如Best Buy，就是通过评论打败amazon，并且在搜索结果上占有一席之地的。它同时也帮助流行商品在网上大卖。

如果你的商店里的商品种类、质量参差不齐,也不用担心受差评的影响。事实上,一条对便宜商品的差评反而可以带动更多的买家去购买那些评价好的贵的商品。

大多数网上购物平台都提供第三方卖家的应用程序、拓展和插件等,可以把静止不动的商品网页转移到不断更新的带有评论的网页中去，但一定要看清在你的平台上哪种整合方式最能吸引顾客。

3. 个性化

促使会员购买更多商品的最好方式之一就是个性化,amazon在这方面就做得很好。它根据客户最后一个浏览、购买,或者放进心愿清单的商品,特意做出了一个推荐购物表,有了这样一个推荐商品列表,下次登录网站顾客购买这些商品的可能性会更大。

也许这需要在购物车软件上再提高些配置,但你只需要提醒买家有他想要的商品,如此简单就能提高销售额,所以完善一下配置也是值得的。

4. 挽回购物车放弃邮件(Shopping Cart Abandonment E-mails)

许多零售商花费时间执着于与客户的购物对话,但实际上,投入回报比率最大的是挽回购物车放弃的邮件。

首先,这个邮件会发送给那些放弃购物车的客户一个被放弃商品的图片信息;其次,它让客户知道想买的这些商品是可以马上打包发运的;最后,假如顾客不想再买这些东西了,它会给客户一个网站其他卖场的链接,建议客户浏览别的商品。你可以通过打折的方式鼓励客户申请注册来实现购物车的这种功能。

5. 再定位和再营销

这是一个企业进行引流的广告结构。比如,Staples网站上某个特定产品，将会在Facebook的侧栏边广告位上再次展示其产品特性。

广告的魅力在于,无论大小企业都可以使用它。客户在网站上浏览过的商品被强调得越多,他们返回来再买的可能性就越大。广告的再定位带来了产品的再营销。 需要注意的是,再定位并不仅仅局限于Facebook,许多其他网站也都可以。

(一)案例:在eBay平台上如何做好客户服务工作

想要留住访客,高质量的客户服务是非常重要的。下面以eBay的客户服务为例,讲述如何做好客户工作,为店铺留住访客。

1. 电子商务与传统贸易在沟通上的相同点

(1)时效性:指无论是传统贸易中的商业谈判还是站内信,只要把握客户的节奏和时间并作出反应,一定可以抓住先机。

(2)完整性:指在沟通时尊重客户,并及时提供完整信息。

2. 电子商务与传统贸易在沟通上的不同点

(1)无法预知竞争。

（2）终端消费者居多（客户大多购买自己使用）。

（3）更加注重人性化服务。

3. 客户服务流程（客户投诉处理）

（1）催款。

查看My eBay—Awaiting Payment，给当天下单的客户去发票（send invoice）；给下单后7天还未付款的客户去催款信，查看E-mail buyer，选择7天去催款信模板进行群发；给下单后10天还未付款的客户去催款信，由于长时间没有收到付款，系统将会开启UPI E-mail buyer，选择10天去催款信模板进行群发；给下单后20天还未付款的客户去取消订单的信，查看E-mail buyer，选择合适的模板。

（2）缺货通知。

文员如果在安排发货的过程中发现库存不足未能及时安排发货的话，客服人员需要第一时间通知客户，并给予客户相关的解决方案。

方案1：给客户选择其他替代产品（最好是等价格及类似风格）。

方案2：全部退款。

根据客人给出的方案来进一步解决缺货问题。

如果7天内客户未回复，主动再给客人去信告知如果在24小时内仍未收到任何答复将会安排全部退款。

（3）中、差评处理。

每天检查客户的评价情况，看是否有新的中、差评。

发现中、差评后应该分析原因及具体情况，并录入“中、差评及投诉跟踪分析.xls”，再上报给主管，配合主管和其他部门处理事件。

每日跟踪已存在的中、差评，直到中、差评不再具有被修改的资格及可能。

发送FEEDBACK REVISION REQUEST（修改评价请求），如果客人愿意修改中、差评，同时提醒客人修改低分DSR。

（4）投诉Case处理。

每日查看 My eBay—Resolution Center，看是否有新的Case开启，如果发现，录入“中、差评及投诉跟踪分析.xls”。

根据实际情况给予客户快速的解决方案。

每日跟踪Case的处理状态，直到Case关闭。

4. 客户服务内容

（1）售前客服：售前咨询。

（2）售后客服：物品未及时收到；收到的货物与描述不符。

（3）主动售后咨询：物流遇到特殊情况；主动发回访信；及时告知客户；店铺营销活动通知客户。

（二）案例：电子商务沟通的重要性及eBay邮件回复技巧

eBay常见的邮件情形包括售前咨询及售后买家由于物品没有收到或者收到的货物与描述不符而发来的邮件。

在这里就以买家没有收到物品为例，分享eBay邮件回复的技巧。

大多数卖家寄的是航空小包，如果买家来信说，物品没有收到，这时候我们就要看一下，若寄的是非挂号的，无法查到物流信息，首先要查发货时间，一般小包会在7～20个工作日内到达，如果在预计妥投时间内没收到就直接告诉客户哪天发的货，用的什么运输服务，需要多长时间，这样客户就可安心等待了；如果到了预计妥投时间还没有收到，可回邮件说这个周末如果还没收到愿意重寄给他，或者就让他确认一下地址再给自己多一两天的时间，因为有时候小包在这两天就会到客户手上了。

（三）案例：eBay平台的使用技巧

1. eBay信用评价

信用评价是买卖双方在eBay交易过后，相互之间所做的评价（好评、中评和差评）和简短的评语，反映了双方的交易体验，代表了用户在eBay的声誉。这些评级、评语及总体信用度，会显示在用户的信用评价档案中，并能为其他用户提供参考。

2. 出现中、差评的原因

（1）包裹未收到留差评：由于物流的选择、丢包；缺货、漏发；买家地址有误；海关扣关；退包。

（2）包裹收到留差评：缺斤短两、错发；色差；包裹破损（品质、物流）；假货、仿牌。

（3）卖家方自身原因导致的问题：物流服务、产品质量、包装缺斤短两等原因造成的中、差评。

3. 如何解决中、差评问题

（1）发货前检查物品质量，核对订单，避免错发、漏发。

（2）发货完毕，主动联系客户，通知跟踪号，到了适当的预计到达时间，主动联系客户询问是否收到（主要针对未留评价者）并提醒，若收到货物，预留好评。

（3）针对已经留好评的客户，可主动联系，感谢支持，顺便进行二次营销。

（4）针对由于质量问题产生的差评，应有礼貌地询问买家不满意的地方，并加以改造，建议将使用、保养小贴士一起附上。

（5）由于买家在下单前的细节要求没有得到满足产生的差评，卖家应特别注意订单的质量和包装，要会揣摩客户的心理并及时进行调整。

4. 用智慧化解纠纷

（1）eBay纠纷。

纠纷是指在买家没有收到物品或收到的物品与描述显著不符的情况下，在调解中心中向卖家发送讯息。

（2）eBay纠纷的处理流程。

① 对于卖家来说，一旦收到买家投诉，首先应积极与买家沟通协商解决问题，大部分问题都能在买卖双方尽早直接沟通后解决。

② 如果跟买家直接沟通仍无法解决问题，卖家可在7天内通过“纠纷调解中心”积极回应买家投诉，如果是PayPal付款纠纷，请在PayPal调解中心处理。

③ 如果过了7天后，买家的问题仍没有得到解决，买家就可以要求平台介入，此时纠纷得到升级，将由eBay客服来评判。

（3）纠纷对卖家的影响。

切不可对已产生的纠纷置之不理，这将严重影响你的卖家表现，当卖家表现低于eBay标准时会受到eBay的惩罚，最终影响你在eBay上的销售与业务的发展。

（4）如何解决纠纷。

① 买家未收到货物。若物流显示货物在途中，可以延迟收货时间；若货物被海关扣关，将扣关信息及时告知客户，及时联系物流；若包裹原件退回或包裹寄错，建议先和物流联系更改收货地址，如果无法更改则联系物流寄回包裹；若物流显示货物已投妥但买家拒签，可将妥投信息截图给客户或者建议eBay裁决。

② 买家收到的货物与描述不符，有质量问题或买家的恶意纠纷。例如，客户收到货了，但觉得质量不好进行投诉。一种情况，若发货时检查过产品确实是好的，这就是客户的问题，但又不能说是客户错了，首先要同客户弄清楚产品究竟哪里不好，是不能用、有破损，还是他自己不会使用，搞清原因就可以对症下药了。解决了问题后，也可以适当地给客户一些奖励，比如说下次购买的时候给个9折优惠，或送个小礼品之类，这样客户会感觉这家店的客服做得很好，问题也就迎刃而解了。另一种情况，发货前没检查过产品的好坏，而且之后证实确实是自己产品有问题，这样的情况要先安慰客户，提出一两个解决的方法让客户自己选择，如赔偿5美元(如果是很小的问题)，或重新寄一个新的等等。

（四）案例：速卖通平台的客户沟通技巧

在速卖通中与客户的沟通技巧大致相同，但还是有一些细微的差别。

1. 未付款订单催单技巧

将接到未付款订单首轮邮件的客户按新老客户和大小订单分类并通过以下方式沟通：

（1）老客户：确认是否有什么问题。

（2）新客户：了解客户的关注。

（3）小订单：问是否有疑问，并表示会尽快答复。

（4）大订单：重点电话跟踪。

在跟进订单时需注意语气，不同类型买家应区别对待。举例如下：

Dear XX,

We appreciate your order from us. You have chosen one of the bestselling products in our store. It's very popular for its good quality and competitive price. Right now, we only have X lots of the X colors left. We would like to inform you that this product has a high risk of selling out soon.

We noticed that you hadn't finished the payment process for the order. We'd like to offer you a 10% discount on your order, if you purchase now, to ensure that the product doesn't sell out. We will ship your order within 24 hours once your payment is confirmed. If you need any help or have any questions, please let us know.

Best Regards,

(your name)

2. 分析和回复询盘技巧

回复关键点汇总:

(1) 及时回复很重要。经常检查注册邮箱,并在买家发送询盘的24小时内回复最有效果。

(2) 回复内容要专业和完整。应遵循“3C”原则:Clearness(清楚),Concisenes(简洁),Courtesy(礼貌)。

(3) 格式要规范。不要忽略问候语、结束语等细节。

- 第一回合具体回复要求

① 需要思考的问题:专业度(professional)、满足需求度(meet demands)、体现诚意(show your sincereity)。

② 回复邮件注意点:规范的格式(paragraphy, capitalization, spelling, grammer…);问候语(礼节);呼应以及有问必答,某些问题暂时不能回答的,要给客户解释原因,切忌避而不答,应重点突出、意思明确、落款完整。

- 第二回合具体回复要求

专业报价(完整且有针对性);配专业图片(清晰、方便浏览和接收);问清客户需求(节省双方时间和精力);注意语气(会影响全局),要有礼貌。

- 几个回合后具体回复要求

客户有多个问题时应一一作答,条理清楚;客户提出的专业问题尤其不能避而不答;涉及产品证书、质量等级的问题最好主动提及;减少邮件往来的回合,提高效率。

(4) 公司介绍:介绍公司的内容三行最适合,且要有独特的卖点,放在开头或结尾都可以。公司介绍的三行内容是:How long? When? What?

(5) 讨价还价:第一次报价给自己适当留有空间;注意价格的合理性;与竞争对手相比;其他选择方案。

(6) 无法满足买家需求时,一定要注意语调并给出解决方案。

Example 1

如果买家希望提供样品，而贵公司不支持样品时，可以这样回复：

Dear X,

Thank you for your inquiry; I am happy to contact you.

Regarding your request, I am very sorry to inform you that we are not able to offer free samples.

To check out our products we recommend ordering just one unit of the product (the price may be a little bit higher than ordering by lot).

Otherwise, you can order the full quantity.

We can assure the quality because every piece of our product is carefully examined by our working staff. We believe trustworthiness is the key to a successful business.

If you have any further questions, please feel free to contact me.

Best Regards,

(Your name)

Example 2

因为周末导致回复不够及时，先表示歉意，因为错过了最佳24小时回复时间，可通过主动打折的方式赢取客户。

Dear X,

I am sorry for the delayed response due to the weekend. Yes, we have this item in stock. And to show our apology for our delayed response, we will offer you 10% off.

Please place your order before Friday to enjoy this discount. Thank you!

Please let me know if you have any further questions. Thanks.

Best Regards,

(Your name)

Example 3

回应买家砍价：

Dear x,

Thank you for your interests in my item.

I am sorry but we can't offer you that low price you asked for. We feel that the price listed is reasonable and has been carefully calculated and leaves me limited profit already.

However, we'd like to offer you some discounts on bulk purchases. If your order is more than X pieces, we will give you a discount of xx% off.

Please let me know for any further questions. Thanks.

Sincerely,

(Your name)

(7) 如何挖掘买家需求。

各个国家的消费能力、款式需求是不一样的。例如,俄罗斯会偏向于价格比较便宜,性价比高的产品,而欧美一般不是。可在邮件中告知买家尺码、适合的年龄、面料和类似产品。

应站在客户角度,发送新品推送邮件,或者按照所在国家的季节进行零售、批发或向新老买家推荐。

3. 纠纷处理

(1) 纠纷的影响:回款周期延长和资金损失;客源流失;影响单款产品排名;影响店铺综合排名;影响店铺安全。

(2) 纠纷的种类:

① 未收到货:运单号无效;发错地址;物流途中;海关扣关;包裹退回;丢包等。

② 已收到货:货物与描述不符;质量问题(破损、劣质);货物短装;销售假货。

(3) 纠纷处理方法:

① 处理纠纷应及时,不要拖,尽量在平台介入之前能把纠纷解决。

② 针对纠纷的处理因事而异,若我们有理则果断拒绝退款申请,要及时提交证据,否则平台介入之后判买家赢的概率更大。

③ 某些纠纷如买家主观原因不喜欢,在考虑损失的同时应考虑买家是否会有留中、差评的倾向。

4. 中、差评的处理

(1) 首先面对中、差评心态要平和,当我们第一眼看到客户留给我们的是中、差评,心里难免会冒火,感到委屈,这时要学着给自己一点时间,让自己平静下来再来处理。

(2) 要从整体上把握系统的处理,要深入地分析出现这种问题的原因,找出根源,是货物描述不清、货运耽搁,还是货物本身存在问题。从问题入手,换位思考,设想自己是客户因这些原因会有什么样的心态,从客户的心理出发,想想客户现在最想得到的是什么结果,然后从这个结果入手来处理,避免自己主观上先入为主。

(3) 要讲究策略,从更多的角度来思考这个问题出现的原因,减少客户愤怒情绪针对的受力面。比如因库房管理人员的疏忽、物流公司的耽搁、国内重点节日政策的变动等等,在表述原因时态度一定要真诚,一定要让客户感觉到我们是负责任的卖家,而不是推卸责任的卖家，当他们明白这件事情是由多方面的原因造成的，而你却愿意承担下所有的责任时，他们在心理上也会好受一点。这也是另类的为客户着想的方式，但必须强调这只是策略，态度必须端正，问题必须解决。

（4）第一时间让客户悬着的心放下来。当客户收到有问题的货物后首先是愤怒，但接下来要考虑的就是问题能不能解决，客户会处在一种忐忑的心态或者准备自认倒霉的心态来处理。所以在收到客户的Message或中、差评时，一定要第一时间用非常肯定的语言让客户明白他们的问题一定会得到满意的解决。可以在Message的最后把自己的备用邮箱、MSN、雅虎通、电话等各种客户可以联系到的方法以比较明显的方式告诉客户，告诉他（她）可以通过其中任何一种途径联系，千万不要仅仅依赖于邮件沟通，邮件的滞后性会让问题变得更加复杂。

（5）在对客户作出补偿时不要仅仅局限于重发货物，在重发时可以考虑给客户附送一些有中国特色的小礼物。

第4节 老客户购买

做好跨境电子商务营销，就是要把握每一个数据，花最少的成本获取最大的回报。留住更多的老客户能够减少营销成本，二次营销就是留住老客户的好方法，对相同的客户在不同时期、不同地点的不同需求的管理，如图7-8所示。

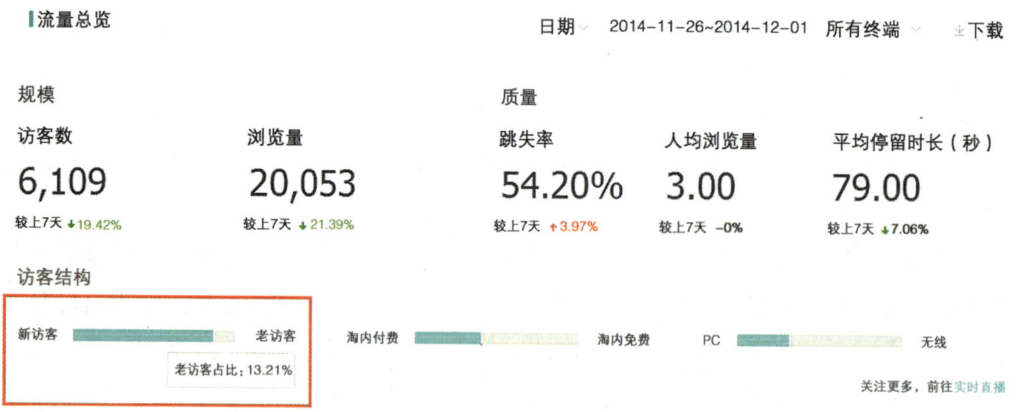

图7-8　营销管理

图7-9所示是来自CNZZ的统计结果，当然买家也可以通过别的有效平台来帮助监控客户的来源以及最后客户是否购买了本店的产品。新老客户推广流程的异同如图7-10所示。

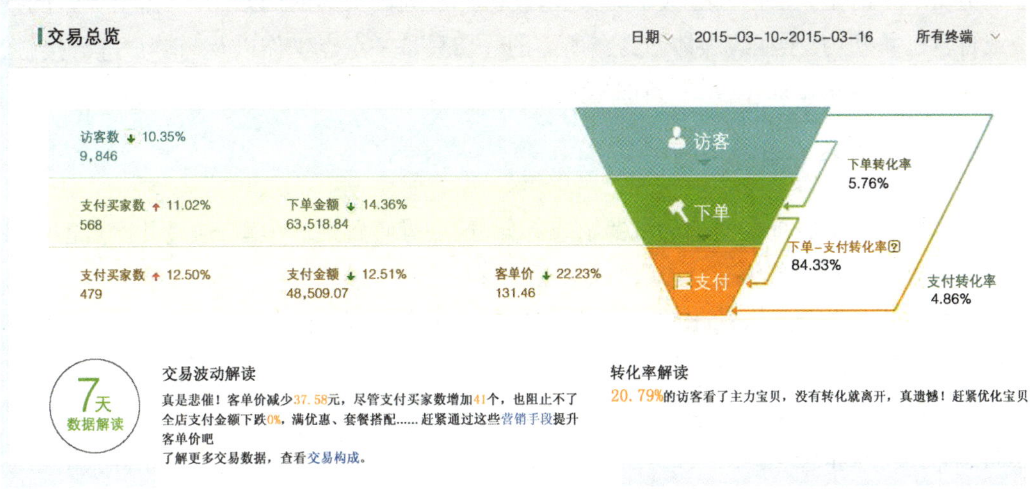

图7-9 CNZZ的统计结果

开发新客户：

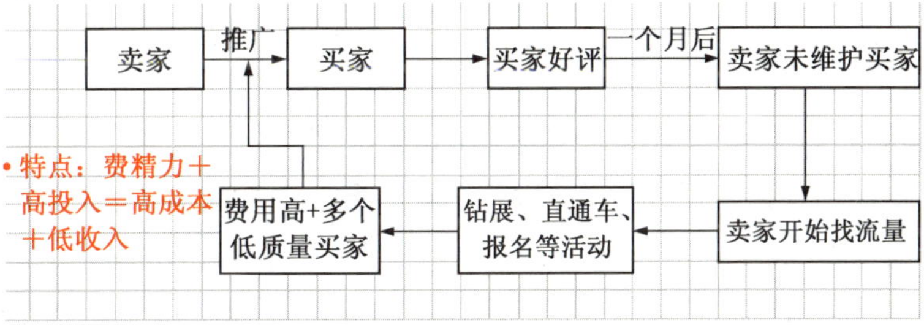

维护老客户：

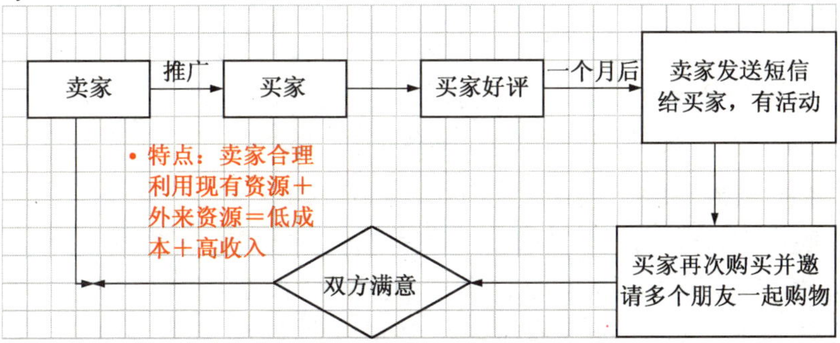

图7-10 新老客户推广流程的异同

拥有回头客的网站所带来的曝光以及社群感是每一家小型企业都期望得到的，但是让用户对某个网站进行定期访问是一个挑战，尤其在更新不频繁或者你所更新的内容只是单调的新闻稿件或者产品公告时。

值得庆幸的是，创办一家“吸引力”足够使客户成为回头客的网站，并不需要大量的投资或将自己重塑为5个在线媒体新秀，所需的一切只是一点点工作以及与客户进行接触，正如以下的简单策略那样，每一条都是为了使你主页的日访问量飙升而存在的。

（一）联系与交流

博客应该是所有现代网站的重要组成部分，这点毋庸置疑。毕竟，通过几次点击你就可以对网站进行全天候的实时更新，从而创建能够让访问者感到新鲜有趣的稳定内容。这种实践也有助于企业凸显人性化的一面，让用户专注于企业背后的“人”。

然而，想要拥有能够让访客回头的真正吸引力，还请注意：你还需要提供动态、独特且具有信息性和娱乐价值的内容，并且以所有人都能够理解的方式进行表述。更确切地说，你需要明白受众希望与你进行的是普通对话，并且能够为他们提供有价值的内容。记录性文章、详细描述如何从你的产品中获得更多、合作伙伴资料、项目日志、详尽指南、针对名人或内部利益相关者所进行的访谈，所有能够与受众保持联系、进行沟通的方式，不仅能够让用户产生兴趣并获取信息，还能对他们产生进行再次访问的足够诱惑。

（二）强调社区建设

社交媒体的业内人士都知道，围绕你的网站打造一种社群感是吸引和最终留住潜在支持者的最有力工具之一。但是这样做并不意味着你只要丢出一块留言板，就让它放任自流了，或以电子邮件的形式向客户发送在其他地方非常容易找到的零星新闻更新。更确切地说，你不仅要花费时间和资源，以积极参加讨论的方式来对用户表示鼓励，同时也要让他们感觉到真的有人在倾听他们所表达的顾虑，并且抓住一切机会进行回应和反馈。对贡献者进行奖励也非常重要，其目的就在于，能够发出让社区成员作出贡献并分享自身想法、概念以及创造力的倡议。即使只是让热心粉丝参与到公司下一次LOGO的设计，或者安排他们与公司的高管进行聊天，为企业的未来进行出谋划策，这一切所产生的将不只是客户对企业的好感。热心客户同时也会感到非常兴奋，并化身成为大量的业余品牌大使，这种技能让你的网站对客户产生吸引力并且留住他们。

为便于大规模地分享设计内容，你需要做的不仅仅是以独特的内容(调查、研究报告、自定义编辑剪辑、解决普遍问题的指导、幕后的独特视角等)对网站进行更新以博取浏览者的关注，同时还要借助社交媒体平台，使得博文、图片、照片、PDF文件和视频等一切都可以进行分享，并且能够进行评论和转发。更重要的是，提高公司网页的口碑，让无数的潜在读者知道，令人兴奋的事情每天都在你的网站上发生。

（三）专注于价值

独家促销、竞争、优惠活动和定时折扣都可以是网站流量的强大驱动力，特别是在如今重视成本意识的时代。通过你的官网提供直接的讨价还价或退税计划，能够一直让客户保持高昂的兴致并且促进额外交易的发生。通过与Facebook、Twitter以及其他社交媒体工具的结合，这些营销计划变得越来越有价值，具有使消息在线上能够不胫而走的潜力。唯一需要确保的就是网站主页中有这些促销商品的存在，并且内容与你提升流量的页面相一致，为的就是在消费者心目中树立起定期访问某个站点的意识。

（四）进行有针对性的展示

特别会员资格选项和订阅包，这些你能够随意赠送的诱惑、服务都被证明与你预留给高级客户的专属服务一样重要。无论你是否正在考虑为了让客户访问你的网站，而给他们提供免费的计算机病毒扫描、一套免费的继续教育资源或者只是举办一次软件工程的互补企业品牌网络研讨会，请注意：提供能够解决紧迫问题、常见问题的免费方案或对重要问题进行回应都能够生成一个稳定的网站流量来源，并且提供一项能够使得销售增加的优质服务产品。

在我们挖掘新客户的同时，注意保持与老客户的关系同样非常重要，那些在店铺成功购买产品的客户数据是最有说服力的。在客户管理过程中同样存在二八原则，即20%的客户在金字塔的顶端为企业贡献80%的利润，而80%的客户在金字塔的低端，如何有效提升他们的价值是企业获得更多利润的重要手段。

1. 通过客服聊天记录、客户评价分析客户利益点

营销有效性的关键点是抓住客户的需求即客户的利益点。解决客户利益点最好的办法是看评价和聊天记录，且不要依赖于简单的文本挖掘软件。建议由运营团队的专人完成这件事情，记录下客户在评价和聊天记录中提出的问题，并针对性地解决。

这里我们以母婴类目、女装类目、化妆品类目、3C类目为例，来说明具体如何操作。它们分别代表了垂直大类目、时尚大类目、快消品大类目、耐用品大类目。

（1）母婴类目是一个垂直类目，既包含食品这样的快消品，也包含童装这样的时尚类消费品，同时还有婴儿床这样的长周期耐用品。因此，在这种复杂的商品构成周期下，不能简单地用商品消耗周期、客户购买周期来制定营销策略，而是先要搞清楚，各个子类目下，客户关心的问题是什么，各种不同的客户群体（新老客户）关心的问题是什么。只有解决各种被关心的问题，才能针对客户的利益点入手去做营销。比如在母婴、食品类目，客户关注的更多是安全问题；而孕妇装，客户关注的更多是质量问题。

（2）女装类目是一个时尚类目，客户关心的更多是尺码问题、图片是否符合描述的问题、服装质量的问题。这些问题都可以从客服聊天记录和评价中找到。我们可以针对客户提出的问题，有针对性地去关怀。

（3）化妆品类目，客户关心的更多是它是不是真品，是否有效，以及皮肤适用性等问题。

（4）3C类目，客户关心的往往是售后、质保的问题。

只有针对这些客户关心的问题去做优化，才能提高客户的满意度，创造口碑传播和二次营销。

2. 通过客户利益点切入，针对不同的买家进行分层营销

（1）首先，按照购买频次切分客户，把促销活动引来的新客户和回头客切分开。

（2）其次，对于新客户和回头客分别考虑一体化、多波段的综合二次数据营销方案。

① 感谢短信。对于新客户，感谢且发放一些促销优惠券，鼓励他们在有好的体验的时候，回来购买；对于回头客，感谢他们一贯以来的支持，同时可以采取一些类似手机二维码、转发给朋友的优惠券等形式鼓励他们带来更多的新客户。

② 释疑。在感谢之后，紧跟着的动作是关怀。通过针对所分析出的买家的问题，对于采购不同类目商品的客户普遍关心的问题，制定出几种类别的答疑和关怀方案。比如购买奶粉、食品的买家往往最关心宝宝一天吃几次、怎么吃、东西好不好，购买童装的买家会关心衣服是否耐脏等问题，把这些方案分类区分好，通过EDM、手机WAP、旺旺等形式，跟着之前的短信对客户进行关怀。

③ 跟踪、数据分析和评估。分析和评估的主要内容有：刺激响应率、刺激响应率和自然回购率的对照、多种不同手段下刺激响应率的平行对照、不同周期下的刺激响应率和自然回购率对照、不同周期下的回购人群订单分析（买了什么，有什么关联销售的内容）、特征分析（各种指标的分布情况）、流量分析（通过哪个入口进来的，浏览路径如何，各个点的转化率如何）。

3. 在商品的价格方面做调整

（1）把商品划分为引流商品、利润商品、边缘商品和潜力商品。其中，引流商品是针对全类目、全网客户特点设计的商品；利润商品是你想要用来固化主力细分客户群体的商品；边缘商品是销量不好，且关联度、老客户黏性都很差的商品；潜力商品是有可能成长为利润商品、引流商品的商品。需要注意的是，服装等时尚类短周期消费品，从单品角度划分为引流商品和利润商品较难，更多的是通过应用场景搭配等形成套装，制造利润商品矩阵。

（2）引流商品和边缘商品主要用于各种促销活动（店铺、类目、淘宝），并优先通知流失客户，挽回其中的价格敏感人群，尤其是只购买过一次的人群。

（3）利润商品少打折，用于建立稳固的回头客体系，防止购买过两次及两次以上的回头客流失。

（4）对于不同的细分人群，采用不同的和商品结合的策略，挽回可能流失的客户。

我们需要将老客户进行分类管理，如将给予产品好评、中评、差评的客户分开，分析给予好评的用户是因为产品的哪些特性（如质量、款式、物流）对店铺给予好评的；而那些给予差评的用户因为什么原因给予差评，要着重改善的主要是这些。因为新客户在对有些产品产生兴趣之后往往会查看已购买的用户对产品的评价，而那些差评（尤其是有理由的差

评)会使新客户的购买欲望下降,从而影响店铺的销量。

除了从好评度方面给客户分类之外,还可以从忠诚度、信誉度方面进行分类,经常为那些忠诚度高的客户推送一些新产品等;还可以对客户以往订单进行统计,按照客户的购买力对客户进行分类。这些都能“投其所好”,为客户提供他们可能感兴趣的产品,不但可以扩大销量,还可以使客户对店铺的好评度增加。

除了对客户进行分类,我们还可以统计分析客户的来源,了解大多数客户是通过什么渠道看到本店铺的产品的,比如通过搜索关键词,查看品类,从别的宝贝链接引流过来的以及广告、移动端的推送等等,以便着重在那些有效果的途径上进行推广。

在对客户信息的分类整理之后,我们可以采用一些营销策略对店铺产品进行推广。例如:

① 优惠券策略。一个客户订购成功之后,一定要赠送客户一张优惠券,即在一定期限内购买产品的时候,优惠券可以充当一定的金额,但是过期则作废。这样客户就会想把这张优惠券花掉或者赠送给他有需要的朋友。

② 数据库营销。定期向客户推送对其有价值的信息,同时合理地附带产品促销广告。

后期服务的质量直接影响着客户是否会再次购买,沟通中应注意以下几点:

① 产品描述、产品质量等问题一定要做到完善,避免买家收到产品出现不满意。

② 订单询盘应及时回复,缺货应诚实告知客户。

③ 物流应定期查询,主动联系客户告知有关包裹的信息。